主编简介

蔡建宇 男，湖南宁乡市人，曾任益阳市委宣传部副科长、科长，市委讲师团副主任，益阳市委副秘书长、市委政研室主任。益阳市 赫山区委副书记、纪委书记，专职副书记，益阳市粮食局党组书记、局长，益阳市教育局局长、党组书记、市委教育工委书记。曾在国家和省部级报刊发表过数十篇文章，主编和参编过多部著作。

高校校园文化建设成果文库

足 迹

——在辅导员岗位上闪光

主　编：蔡建宇
副主编：罗孟冬

光明日报出版社

图书在版编目（CIP）数据

足迹：在辅导员岗位上闪光 / 蔡建宇主编. --北京：光明日报出版社，2018.3

ISBN 978-7-5194-4077-0

Ⅰ.①足… Ⅱ.①蔡… Ⅲ.①高等职业教育—辅导员—工作概况—益阳 Ⅳ.①G718.5

中国版本图书馆 CIP 数据核字（2018）第 052722 号

足迹——在辅导员岗位上闪光

ZUJI——ZAI FUDAOYUAN GANGWEISHANG SHANGUANG

主　　编：蔡建宇

责任编辑：许　怡　　　　责任校对：赵鸣鸣

封面设计：一站出版网　　责任印制：曹　诤

出版发行：光明日报出版社

地　　址：北京市西城区永安路 106 号，100050

电　　话：010-67078251（咨询），63131930（邮购）

传　　真：010-67078227，67078255

网　　址：http：//book. gmw. cn

E - mail：xuyi@ gmw. cn

法律顾问：北京德恒律师事务所龚柳方律师

印　　刷：三河市华东印刷有限公司

装　　订：三河市华东印刷有限公司

本书如有破损、缺页、装订错误，请与本社联系调换

开　　本：170mm×240mm

字　　数：252 千字　　　　印　　张：16

版　　次：2018 年 5 月第 1 版　　印　　次：2018 年 5 月第 1 次印刷

书　　号：ISBN 978-7-5194-4077-0

定　　价：68.00 元

亲历与感受（代序）

蔡建宇

记得20世纪80年代有一首校园民谣《脚印》，歌词这样写道："洁白的雪花飞满天，白雪覆盖着我的校园，漫步走在这小路上，留下脚印一串串。有的直，有的弯，有的深，有的浅。朋友啊，想想看，道路该怎么走，洁白如雪的大地上，该怎样留下脚印一串串……"歌词充满诗意，也富有哲理，发人深思。在历史的长河中，一个人、一所学校，路应该怎么走？应该留下什么样的脚印呢？这是需要每个人认真回答的问题。2016年的学生工作者，用扎实的脚步作出了回答。

一

2016年，学生工作在探索中前进，付出了艰辛的努力。学工系统的许多人深切地感到，这一年累并快乐着。一位从事学工工作多年的科长在她的总结中写道：在学生管理工作岗位上加起来我已干了十年之久，最近这一年我一直想逃。但是，当在篮球场上，武文同学看到我站累了从寝室用自行车驮着椅子过来让我坐的时候，我想我的学生是懂得感恩的；当我每次查完寝室，周文学同学说天太黑要派四个"保镖"护送我回去的时候，我想我的学生还是很可爱的；当林梦老师在长沙医院护理生病的学生，给我打电话叫我快去的时候，我想我依旧是他们心中的“小靠山”；当谢旖老师给我打电话问她在学生毕业典礼上发言穿什么衣服好的时候，我知道我在他们心中还是有大姐形象的；当陈莉萍老师每次在群里跟我说，老师你辛苦了，我也在想，其实辅导员是很贴心的；当杨佳亮老师说，老大，我一定听你的话把工作做好的时候，我更加知道辅导员是尽心尽力在工作的。所以，谁也不能逃，谁也逃不掉，所有的工作都不能打退堂鼓，只能高标准，严要求，力求做得更好！

这是一个普通的学生科长的年终总结，是对一年工作的感悟，但却是许多学工人员共同的心声，是他们工作和生活状态的真实写照。真是“只有努力工作了，用心感受了，才能体会其中的酸甜苦辣”。

其实，对于发展中的学院来说，学工工作年年都难。但这一年，有着更多的难处。

说年年都难，是因为学生的“特殊性”。

这是一群“特殊”的学生。他们来自全国20多个省份。而其中，来自湖南、贵州、四川、西藏等省区的学生占学生总数的90%以上；少数民族学生1400多名，占学生总数的近四分之一。他们中，有很多来自山区或者贫困家庭，有不少曾经是留守儿童，很多人高考或中考失利。但这些学生思想活跃，个性独立，他们对社会的认知、生活的态度和处事的方式与60后、甚至80后、90后学生比，已有很大的不同。还有很多学生存在这样那样的“问题”。有的学生因为无缘上普通高中或者高考失利，存在失败感，自信心严重不足；有的对学习不感兴趣，或者是受父母之命前来学习，缺乏学习的自觉性；有的不守纪律、自由散漫，“调皮捣蛋”，经常“闯祸”。面对这种种“特殊”情况，学工工作怎么做？这是多年来困扰着许多老师的问题。

说今年更难，是因为学院对学生工作的要求更高了，增加了工作的难度。学院提出强化基础管理，推进大学生“铸魂工程”建设，打响学生工作品牌。也是因为学生人数的增长和现有的办学条件不够完善，给学生工作带来了前所未有的挑战。

据有关数据显示，2013 年，学院在校学生人数只有 3200 余人，而到了 2016 年下半年，学生人数达到 6000 人，仅 2016 年秋季入学新生就达 2300 人。在校人数不仅达到了办学以来的最高峰，而且第一次达到了省定办学规模。这么多的学生，让学生管理系统的老师们犯愁了。学生住的、吃的怎么办？管理工作怎么抓？学生安全如何保障？一道道难题摆在他们面前。

与学生规模相关的，是学院的容纳能力。学院是 2006 年搬迁至此的。原来这里是益阳师专的校区。师专建于 20 世纪 70 年代，学校容纳能力只有 3000 人。学院进驻后，新建了能容纳 1500 人的标准化学生公寓，但也远远满足不了今天的需要。加之设施设备严重老化，年久失修，断电停水现象时有发生。后勤和学工部门的同志经常成了“救火队员”，学工人员直接面对学生，自然就成了学生的“出气筒”。其工作的难度，自然是可想而知的。

面对诸多难题，学生工作该怎么做？

二

2016 年，学生工作亮点纷呈，有三个突出的特点：

活动育人。开展学生喜闻乐见的文体活动，寓教于乐，培养学生乐观向上的阳光心态和生活态度，这是 2016 年学生工作的一个突出特点。青年学生充满活力，精力充沛，有强烈的好奇心和展示自我的欲望。学雷锋活动、“青春杯”篮球联赛、“我爱祖国”歌唱大赛、足球比赛、校运会等等，全年组织活动40余场次。学生在你追我赶的竞赛之中，学会了尊重规则、尊重他人、努力拼搏、奋发向上，也形成了良好的团队精神。特别是“劳动养成教育”活动，让学生自己动手打扫卫生、整理内务、保养机器设备，使学生形成爱劳动的习惯，尊重劳动成果，自觉维护校园秩序，也培养了他们精益求精的工匠意识。“魅力校园，星星闪烁”的社团才艺展示活动，使全院40多个社团2000多名社团成员都有了登台表演、展示自我的机会。天文社团先后邀请了北京天文台、台北天文台的老台长举办报告会，组织成员开展天文观测，还与省内高职院校的天文社团建立了联系。各系部也涌现出了一批先进典型。生物与信息工程系学生团支部被共青团湖南省委授予“湖南省优秀团支部”的称号，藏族学生贡秋泽成被益阳市关工委授予“五爱青年”的称号，藏族舞蹈《吉祥》在全市高校少数民族学生文艺汇演中获得好评。

管理育人。从细小的事情抓起，寓教于细，培养学生讲规则、守纪律、精益求精的工匠素质，这是2016年学生工作的又一个特点。把管理融入到学生生活、学习、实习、活动的各个环节，“不放过每一个教育引导学生的机会，不忘记时刻为学生成长搭建平台”，这是2016年学工系统的流行语。进入大学以后，一些学生放松了对自己的要求，自控能力差，自由散漫、乱丢乱扔的情况随处可见。这些问题看似是小事，实则是大事。既不利于学校的管理，也不利于学生的成长和良好职业素质的养成。改变学生，要从改变行为开始；改变行为，要从改变习惯开始。2016年学院“双代会”把新的一年定为“基础管理强化年”，学工部门把从学生早晨起床到晚上睡前查寝，从课堂到上课率、听课率检查到实习实训的行为规范，从食堂就餐的“光盘”、收盘到公共区域的卫生清扫、学生寝室内务整理，把每一个环节都纳入到了管理的范围，建立了一套具体的管理制度和考核标准。既对学生进行考核，也对系部、班级和辅导员、班主任进行考核。汽车系率先开展文明寝室和文明楼栋创建活动，制定了学生文明寝室十有标准，张贴到每一个寝室，系主任、学工老师带头劳动，手把手教学生整理内务，第三栋学生宿舍成为全院文明楼栋的样板，带动了全院文明寝室的创建。学生保卫处密切配合教务处开展对实训大楼卫生状况和上机不文明行为的整治，扭转了实训大楼脏乱差的问题，也解决了实训课随意着装、吃东西、甚至损坏电脑等不文明行为。周调度、月评比、期考核，日积月累，久久为功。一年下来，学院的环境发生了质的变化，学生的精神面貌也发生了质的变化，涌现出了一批文明寝室、文明楼栋、文明实训室（车间）。在10月份召开的“基础管理工作现场经验交流会”上，有8个单位作典型发言。

文化育人。“随风潜入夜，润物细无声。”用春风化雨般的方式以文育人，把外在的强制变为学生自觉自愿的行动，这是2016年学生工作的又一个特点。从简单的管理到文化育人，不仅仅是教育方法的改变，而且是教育理念的升华，是人才培养目标的提升。在这一年，班级文化建设成为关注的焦点。经管系重庆德克特合作班，把企业文化引入班级，模拟企业治理结构和治理方式组建班委会，提炼班规班训，使学生及早地感受企业的要求和氛围。德克特班的做法，在经济管理系产生了良好的效果。中职部根据初中毕业学生年纪小的特点，开展班级文化建设，组织好每一堂主题班会，营造了良好的学习氛围。机电工程系安全教育富有特色。他们把以前简单的安全知识讲座，上升到安全文化的高度，全系开展安全知识创演。学生以PPT、小品、抢答赛等形式，将学生安全知识通过自编自演的方式表现出来，从班级到系部，分层组织表演比赛。通过这种方式，学生不但学到了安全知识，而且把这些知识融入了生活，使创演的过程变成了自我教育的过程。汽车工程系引入“6S管理”，在汽车实训工厂推广试验，营造汽车文化氛围，培养了学生精细化管理的工匠精神。9月，学院适应文化建设的需要和大学生思想政治工作的要求，制定出台了《关于实施大学生思想政治教育“铸魂工程”的意见》，把文化建设和思想政治工作推向了一个新的高度。“铸魂工程”以引导学生铸牢信仰、铸塑价值、铸就精神、铸造人格为目标，推动学生自觉加强自我修养、磨炼意志、砥砺品格、陶冶情操，培养良好的思想道德素质和政治法律素质。这一活动，成为学生工作的龙头工程，人才培养的重点工程、亮点工程，无疑具有开创性意义。

三

出色的工作成绩，总是离不开一支出色的工作队伍。

2016年，全院学工系统有78人，平均年龄只有34岁。其中，近两年新进入的有26人，平均年龄只有25岁；大学本科以上学历76人，其中研究生7人，博士生1人。这支队伍年轻、有活力、充满朝气。2016年，学工队伍可圈可点。

这是一支善于学习的队伍。2016年，可以说是学工队伍的学习之年。从年初召开老同志座谈会，到外出跟班学习，到举办暑假辅导员班主任专题培训班，到每个季度一次的辅导员沙龙，他们的学习不曾间断。

职院的前身是建于20世纪70年代的益阳农业学校和益阳工贸学校。这两所学校是益阳的最高学府，培养了数以万计的实用型人才和成百上千的市县乡干部。益阳农校是全国重点示范学校，创造了“亲严细勤”的学生工作经验，并在全国推广，接待过全国慕名而来的成百上千的参观者，至今人们为之称道。益阳工贸学校是省骨干学校，“一个学校，两张文凭，圆我大学梦”，“一笔好字、一篇好文章、一把好算盘、一副好口才”的办学经验，也是有口皆碑。学院的“根”就在这里。新年伊始，学院就举行两校老同志座谈会，请他们介绍当年工作的情况和经验，为学院学生工作出谋划策。

“他山之石，可以攻玉。”郴州技师学院是我省一所重要的技师学院。他们在学生工作中所创造的“三自管理”即学生自主管理、自觉管理、自我管理，“四爱”即爱学院、爱专业、爱老师、爱同学和“六声”即学生的笑声、歌声、掌声、朗读声、口号声、感恩声的学生工作经验，很有借鉴意义。6月份，由分管学生工作的院领导带队，学生处和五个系部学工办的科长、主任，来到郴州技师学院“拜师学艺”，进行为期一周的跟班学习。他们白天跟班，晚上座谈讨论，消化吸收，常常为一个问题争得面红耳赤。但大家觉得这样的学习很解渴、很有收获。

除此之外，学院还举办暑假辅导员班主任培训班，开设辅导员沙龙，为学工人员的学习搭建平台。密集的学习，不仅使学工人员启发了思维，武装了头脑，夯实了基础，而且也从学习中汲取了营养、找到了方法。

这是一支乐于奉献的队伍。学生工作是辛苦的。许多在学工岗位上工作的同志都有深切的体会。辅导员班主任不但肩负着服务学生的工作，而且对学生安全管理负直接责任，是典型的全天候全过程工作模式，身体支出和心理压力都很大。但很多同志克服了常人难以克服的困难，坚守了常人难以坚守的岗位。他们从没有叫过苦叫过累，从没有为自己的待遇闹过情绪，很多人都是在自己岗位默默地工作。中职部的孟慧部长，带着20个人的学工团队，管理1500多名五年制的学生。这些初中刚毕业的学生大多是一些“调皮子”，导致很多老师不愿带中职班。学院设立中职部，目的就是要加强这一块工作。孟部长担纲组建中职部，压力和工作量是可想而知。但在不到一年的时间里，中职生的管理上了一个大的台阶。去年下半年，她已身怀六甲，脚有些浮肿，行动很吃力，但她不分白天晚上仍坚持上班带班、查寝巡察、参加学生活动。直到临盆，她才依依不舍地离开工作岗位。前些年，学生安全工作是最令人头痛的事，连续几年发生过学生溺亡事件。这几年，学生成倍地增加，但没有发生过任何安全责任事故，没有出现重大伤亡事件，这与学工队伍安全意识强、工作认真负责是分不开的。夏天，不管天气多么炎热，迎风桥水库防溺水值班从没有间断过。有时高温达到40摄氏度以上，地面晒得发烫，站在水库大堤上，人就像“火焙鱼”，但越是这种时候，学生越有可能来水库游泳，值班人员越需要坚守。全年劝止了数十起试图下水游泳的学生。这些老师以他们自己的奉献和牺牲，换取了学生的平安和学院的安宁。辅导员半夜被电话惊醒，那也是常有的事。任何突发事件，都是学工人员第一个赶到现场。全年出现了大大小小一百多起不稳定因素或者重大疾病等突发事件，没有一起酿成事故，这与学工队伍高度的责任感、勇于担当、认真负责的精神是分不开的。

这是一支团结战斗的队伍。被师生们誉为“五朵金花”的五位女同志，是学工系统的“最佳拍档”，也是学生工作一张亮丽的“名片”。五个人是各学生系部的学工科长或者分管学生工作的副主任，平均年龄只有30多岁，却都有着多年的学生工作经验，既有“运筹帷幄”的本领，又有身先士卒的风范。她们都有强烈的事业心责任感，又都有一股不服输的认真劲，在工作中总是你追我赶，“别出心裁”，富于创意，又互相学习、互相支持、互相配合，很有默契。2016年学生工作“风生水起”，与她们这种精神风貌是分不开的。难能可贵的是，她们都有一种奉献精神。五个人的孩子都是上学年龄，有两位还是高龄孕妇。为了工作，她们常年加班加点、值班带班，为了学生她们经常顾及不了小家。如果没有一种以校为家、把工作摆在首位、把学生当亲人的境界是做不到的。“上面千条线，下面一针穿。”她们除了学生工作外，还要对接保卫、党务等工作，任务繁重。特别是负责学生的安全工作，压力非常大。机电系副主任蒋亚嫦先兆性流产住进了医院，学生发生了意外伤害事件，她二话不说，拔下吊针赶到学院处理，因体力不支晕倒在现场，最终失去了宝贵的治疗时间而流产。她们以责任、奉献、担当、果断、大爱书写了学生工作的这段历史，并将成为一段佳话。

数据是枯燥的，但枯燥的数据背后，反映的是工作，蕴含的是精神。学工系统是一支有精气神的团队。

经管系有在校学生1487人，其中女生1054人，少数民族478人、贫困学生917人。而专职辅导员只有9人、兼职班主任4人，没有1名男同志。这样一帮“娘子军”，却把工作做得有声有色。全系学生平均到课率99%、缴费率98%、流失率1%。全年妥善处理纠纷、突发事件31起，处理学生突发重病28起，干预严重心理问题学生34起，做到了无一起重大违纪问题、无一起重大责任事故。

生物与信息工程系是由涉农专业与信息技术等专业组建而成的，一个显著的特点就是“杂”，但学生工作杂而有序，稳而有新。其学生来源的省份多、人数多、专业多、班级多、少数民族多、合作办学多，学生住宿分散，情况复杂，学工工作量大，难度很大，压力也很大。2016年下学期有在校学生1408人，37个班级，占全院班级的26.3%；专业横跨农林、建筑、计算机3个大类，其中合作办学专业4个，涉及4家不同的合作单位；全系共有少数民族学生630人，占本系学生总数的44.7%。管理工作点多、线长、面广。针对这种情况，他们以“以学生为中心，关爱学生、服务学生”为理念，每一位辅导员、班主任把工作做深做实，落实到每一个细节之中去，取得了良好的效果，得到了师生的广泛认同。2016年，生信系学生工作好事连连。系团总支被授予了“益阳市‘五四’红旗团总支”荣誉称号，辅导员胡长生老师荣获“2016年度湖南省辅导员年度人物”提名奖。这些荣誉，是对工作的肯定，也是付出的一份回报。

2016年，对学院学生管理工作来说，注定是不平凡的一年。在年底召开的辅导员沙龙会议上，我细心倾听每一位学工人员的发言，他们侃侃而谈，如数家珍。我被他们的故事所吸引，被他们的事迹所感动，为他们的成绩而自豪，为他们的成长而骄傲，学院的进步倾注了他们每个人的努力和心血。他们的努力应该被记载，他们的经验应该被传承。在会上我建议，将发言材料编辑成册，作为一份宝贵的财富保存下来，传承下去，得到与会者的响应。一个学校，只有经过一代又一代人的努力，才能不断向前发展，永远立于不败之地。而一代又一代人的成功，只有被传承，才能“根系”发达，厚积薄发，永葆青春。如果我们能坚持10年、20年，甚至更长的时间，我们就会为后人留下一笔弥足珍贵的财富。

2017年7月30日于湖南益阳

目　录
CONTENTS

01 第一编

头头是道

生活每天都是新的，它接受人们的选择与挑战。快乐与郁闷，艰难与顺利，甜蜜与苦涩，成功与失败……这些在人们的面前演绎着。路，是领头者带着人踩出来的。不过他（她）们多了更多的感慨，经过了更多的不易。于是乎，便有了“领导领导，既领又导”，“干部干部，先干一步”之说。可是个中滋味，唯有实践者才有更多的发言权。

甘当绿叶衬红花*

站上三尺讲台的那一刻，我就明白了肩上的千斤重担。俗话说：“十年树木，百年树人。”我知道这条路的艰辛，但我心里早有一个目标：要成为一名优秀的人民教师，让学生心田绿草如茵，繁花似锦！

一、18 年的班主任，学生喊我“妈”

“当我们像鲜花盛开时，永远忘不了绿叶的恩情。老师您是一片绿叶，乐于默默奉献。如果没有您思想的滋润，怎么会绽开那么多美好的灵魂之花？啊，老师，人类灵魂的工程师，有谁能不将您赞扬！”一个毕业学生在给我的信里这样说。

我的青春和热血洒在职业教育 31 年了，期间，我连续担任过 6 个班级 18 个年头的班主任工作，所带班级学生均具有爱国、敬业、诚信、友善的优秀品质，所带班级均为学校优秀班集体。我清晰记得当年带班的几条原则：一是培养学生热爱集体、积极向上，获得健康心态；二是培养学生热爱劳动、积极活动，养得强壮身体；三是培养学生热爱学习、积极训练，习得一技之长。带班方法上我讲究严谨、用心、平等、博爱，形成了自己独特的带班风格：民主、公正、讲情、讲理。我认为职业学校学生的培养目标就是：身体健康、心理健康，掌握一技之长。围绕这个目标，我组织学生每天锻炼一小时，积极参加学校篮球比赛、拔河比赛等活动以强健体魄，同时特别注重学生的心理健康教育，我认为心理不健康的孩子于己、于家、于社会都将是负担。为了孩子为了家，为了

---

* 本文作者：姚子凤

社会的发展，我觉得班主任有义不容辞的社会责任，所以我在开展班主任工作时，把学生的心理健康教育摆在首位，我认真研究、实践摸索出了一套方法。首先，欣赏和信任学生。用欣赏的眼光看待学生，发现他们的闪光点和可爱之处，给予鼓励和期待。“良言一句三冬暖”，何况是心智不成熟的学生，他们还没有完全脱掉孩子的稚气，喜欢听好听的话语，喜欢看好看的脸面。所以当学生取得一点点成绩时，哪怕是最细微的，我也要给他几句赞美的言辞，给他几句鼓励的话语，让他感到自己有发展的潜力，增加他的自信。即使当他犯了错误的时候，我也从不一味指责，说得他一无是处，而是肯定他的优点长处，给他改正缺点和错误的勇气，让他感到原来自己也有不错的地方，增加他热爱生活的勇气。当他向我汇报或者说明某个情况的时候，我充分信任他，让他感到自己是个诚实的孩子，即使他说了假话，他也会为自己的不诚实而内疚，当他懂事后就会感到老师的信任给了他无穷的力量。其次，包容和鼓励学生。换位思考、给学生成长的空间，以情动人，不吝惜爱心的投入。设身处地地从学生所处的角度、位置、环境去看待、理解和处理事情，领悟每个学生的所思所想所为，给予学生同等的关心关爱。因为他们也是十七八岁的人了，有自己的思维，有自己的处世原则和方法，当他们出现某一现象或者做出某一行动时，我都冷静地分析他为什么要这样做，他怎样做了，做了后又带来了什么影响，假如是我在学生时代遇上这个事情会怎样去做，等等，思考完这些问题后再去和学生交心，尽量站在学生的角度去做他工作，以情感动他，以理折服他，用真诚和鼓励唤起他，让学生在活动中体验成长，感受进步，消除自卑的阴影，去品味自身价值得以实现的愉悦和幸福。人都是有情感的，老师与学生的交往也是一种彼此的尊重，所以班主任也要以一颗真诚的心对待学生。并且要分析不同学生的特点，因材施教，因势利导。班主任要善于掌握学生的心理，善于分析学生的心态，批评教育时要抓到点子上，情感教育时要指到他的痛处。这样对症下药才能够收到事半功倍的效果。再次，慈母般地关爱学生。现在的学生难管，独生子女偏多，在家娇生惯养，生活自理能力很差，住在学校里，连吃饭睡觉的事情都由班主任管着，班主任就像个保姆，全程跟踪他们的每日生活，事无巨细，一天下来累得心烦意躁。但我把学生看成自己的孩子，最苦最累也就心甘情愿了。18 年的默默奉献，我收获了“妈妈班主任”的称号，我骄傲。

二、19 年的教育管理，同事称我“姐”

长期的第一线工作锻炼了我的能力，磨炼了我的意志，2001 年组织安排我任学校团委书记兼学生科副科长，由只管班级的班主任正式走上了管理全校学生的学生科长岗位。为创造性地开展工作，培养学生社会实践能力，我组建学校记者站，与益阳日报社联手举办小记者培训班、主持人培训班。组建校文艺宣传队，与团市委联合开展“公民道德建设文化下乡”活动，足迹遍及资阳、赫山、桃江、安化等县区。这些社会活动的成功开展，提高了学生的综合素质，提高了学校在社会上的知名度和美誉度，使得我校在当时中职招生竞争激烈的情况下，连年生源爆满。作为学生科长，关心和安置好学生就业责无旁贷，我亲自考察单位，亲自护送学生，不顾旅途劳累和颠簸，为的是让学生满意，家长放心。一位女同志在外风餐露宿，日晒雨淋，自己的身体瘦了皮肤黑了不管，还得撇下年幼的儿子、年老的父母……一旦离家至少一周，有时甚至半个月，或者更长，男同志也会叫累的，可自己年近不惑，不叫苦不叫累，一心为学生服务，为家长服务，我因此赢得了学生家长的感谢。我特别注重对青年教师的“传帮带”，从备课到上课的每一个环节，我都手把手地教。曾记得，臧老师在我的指导下获得了“益阳市教学能手”称号；刘老师在我辅导下获得益阳市教案评优一等奖和教学说课比武一等奖；冯老师在我的组织下申报市级财经学科带头人一举成功；近些年指导王老师和曹老师两位年轻科长学习公文撰写，学习相关理论，开展学生管理和资助工作，带领她们成长为了一名工作出色的基层干部。我求的不是自己的一花独放，而是整个学校教育教学的万紫千红！这种无私奉献精神获得了全校师生的认可，大家都称呼我“姚姐姐”。我获得了“姐姐科长”的称号，我自豪。

三、31 年的职教生涯，我甘当绿叶

现如今因为工作调整，我又回到了学生管理岗位，站在了学生管理的最前线，当组织安排宣布的那一刻，我脑子真是懵了，闭目静思，连问了自己三个问题：你能行吗？你可以吗？你吃得消吗？这可不是原来担任班主任和学生科长时的千斤重担了，也许是万斤，十万斤啊，你不年轻了，年轻气可盛，可 50

岁的你，女同志，记忆力衰退了、体力不给力了，如何在学工第一线冲锋陷阵？学生管理工作的困难和艰辛你是尝过20年了啊……一幕幕闪过的念头，我一时间想过放弃，但经过一番思想斗争后，作为中共党员，举起右手宣读过入党誓词，服从安排是原则，党性使然，责任使然，我勇敢上任了。荣幸地成为了学院学生工作战线上“五朵金花”团队中的“绿叶”处长。摆在我面前的困难是：随着学院招生规模的扩大，学生数量剧增，另一方面办学条件跟不上，这势必给学生工作的开展造成被动，加上学生处人手严重不够，辅导员班主任队伍极不稳定，许多制度有待完善……我倍感压力，夜不能寐，但我的内心世界里从不服输，我给自己鼓劲加油：我要行、我能行、我定行。上任第一周我便下到各系部展开调研，听意见，想办法，思对策。一个学期来，女生事件发生了、男生酗酒醉倒了、心理问题学生出现了、学生病情严重住院了……一桩桩、一件件，人命关天，容不得半点马虎，我会第一时间赶到现场，既做好现场保护，了解情况，又周密部署，做好善后处理，虽然嘴里在安抚着辅导员别紧张，冷静，其实我自己知道，我内心的紧张不亚于他们，但作为现场最高指挥官，我不能表现出来呀，我要强装镇静。曾几何时，学生社团活动场地不够，我帮忙想办法解决；学生干部活动策划书弄出来了，我帮忙修改；辅导员、班主任专业论文写出来了我帮忙指导；学生科长邀我去参加系部比赛活动我一定会去；问题学生及家长思想工作系部做不通了，我来做……这样无私忘我、甘于奉献的精神感动了“五朵金花”，她们说：“看着姚姐姐这个年纪了那么拼，我们更要拼。”语言朴实，但感人肺腑，也体现在她们的行动中……我们就是这样一支互相支持、理解和帮助的团队。有冒酷暑、顶烈日被蚊虫叮咬着的在迎风桥水库值守的辅导员们；有拖儿带口、挺着大肚仍在爬楼查寝的班主任们；有凌晨被电话铃声吵醒或彻夜不眠守护在西藏学生病床前的学院领导们；有注重学生行为习惯养成教育的胡菁菁老师；有以大姐姐身份关心爱护每一位学生的林梦老师；有挺着大肚子工作至临产，产后三个月带着自己的妈妈和嗷嗷待哺的孩子重回工作岗位的廖蕾老师；有铭记党员身份，处处以身作则，用“细心、爱心、耐心、恒心”开展工作的曾麟老师；有“爱学习、爱学生、爱岗位”的三爱辅导员肖凤霞老师……这个团队凝聚力、战斗力越来越强，呈现着一股拼搏进取、斗志昂扬的气势。我要为她们赞叹和讴歌，我甘当绿叶！

不管前路有多艰难，我要勇往直前。花的事业是尊贵的，果实的事业是甜美的，让我们做叶的事业吧，因为叶的事业是平凡而谦逊的。

姚子凤，女，中共党员，1986 年大学毕业，高级讲师，现任学生处副处长。

心语：31 年来的教育教学工作，我收获了成功与喜悦。走进学生的世界，开启学生的心灵，做学生的良师益友。因为我深深地热爱着他们。

匆匆三年　尝尽酸甜苦辣*

艰难的 2014 年

2014 年 4 月 24 的下午，我被学院人事处领导请到了办公室，“蒋科长，恭喜你，由于工作的需要，经过学院党委会的认真研究与决定，正式任命你为生物与信息工程系的学工办主任。”不容我考虑与推托，黄处长接着又补充了一句，“这是行政命令，干部必须服从学院工作的安排，今天下午你与刘科长进行好工作的交接，明天我送你去新的岗位接受新的工作任务。”接到这个突如其来的通知，我懵了。

第二天上午，在黄处长的陪同下，我提着自己简单的办公用具，依依不舍地离开了工作了 5 年的后勤处膳食中心，来到了熟悉而又感到陌生的生物信息与工程系，胡主任笑容满面地迎上来并对系部基本情况作了简单介绍：“生物与信息工程系学生人数 265 人，男女生比例 3 : 1，现有辅导员一名，两个中职‘拦路虎’计算机班级的班主任工作了一个月，感觉管理有难度已辞职，所以暂时还缺少两名班主任，由于无人管理，到课率也极低，有时甚至出现零到课率，系部学生工作考核在学院排名落后，估计只能我俩各负责一个班级……”听胡主任把话讲完，当时的我感觉被重重地挨了一棒，几近晕倒。

离开学生管理岗位多年的我，突然接到这么复杂“棘手”的工作任务，心

---

* 本文作者：蒋亚嫦

理上难免有些紧张和心虚，缺少了那份自信。这时黄处长看了看我，说了一句："蒋科长，你一定能行!"虽然知道这是一句鼓励我的话，奇怪的是，我确实没之前那么忐忑不安了，是领导的支持和信任让我找回了那份自信。下午，我找了系部辅导员与一部分团学会干部聊了很久，这让我对系部各方面情况有了大致的了解，排除了心中开始的那份盲目和无措。

面对新的挑战，不服输的我暗暗地为自己鼓劲："改变系部现状，我一定行的!"为了实现自己心中的梦想，于是我大刀阔斧地大干起来。

"既来之，则安之。"从到系部的第二天起，我开始双肩挑，既当班主任，又当学工办主任，首要解决的是规范、整顿"拦路虎"班级，为了不让零到课率再次出现，也从这天起，我每天6点40分准时从家中出发，7点30分之前到达系部的男生中职宿舍楼，检查学生的起床情况与卫生，看着男生寝室脏、乱、差，我第一次给他们做了示范，告诉他们如何整理寝室，如何保持整洁，我整整坚持了一个多月，每次都是我第一个拿起扫帚搞卫生，终于有一天，有一个男生被我感动了，"蒋老师，你太辛苦了，我们自己的事自己做。"我背过身去，学生的一句肺腑之言，让我流下了激动的泪水。从此以后，闹钟叫不醒的他们，生活在垃圾堆的他们，慢慢地一个接一个改变了，零到课率也再未出现了，系部考核排名也靠前了，我心中不由冒出李白的一句成语"只要功夫深，铁杵磨成针"。

学生改变了，我也跟着改变了，早晨先去寝室再去教室检查成了我的必修课，有一天早晨，我不由自主地来到寝室，当我推开寝室门，只见浓烟滚滚，伸手不见五指，呛得我眼泪直流，接连后退几步，我吓得大喊："救火啊，救火!"但这时学生已陆续去了教室，我一边打电话一边提着水桶跑向男厕所，已经什么也顾不了啦，起火的位置在宿舍上铺，位置高，看不见，只能站在凳子上面泼水，在宿舍管理员与学生们的帮助下，阻止了一场大火的发生，火扑灭了，我已经筋疲力尽，人也变成了一只"落汤鸡"。事后查其原因，一男生在床上抽烟，出寝室时忘关电风扇，火星燃起了被子而造成火灾。我全身湿漉漉的，当我走进办公室，一男生"噗"的一声跪在我面前，眼睛里带着血丝，喉咙嘶哑地说着："蒋科长，是你救了我，也救了我们全家，如果整栋宿舍烧了，我拿什么来赔偿学校，以后我再也不抽烟了……"

艰难，是2014年我全部学生工作的真实写照！

探索的2015年

到了2015年，生物与信息工程系学生人数由265人增加到945人，其中西藏学生人数由56人增加到187人，辅导员、班主任人数由1人增加到了10人，系部人数的急剧增加，工作难度也同步增大。我开始感到依靠学工办主任一个人的力量，要搞好学生工作，已经是远远不够的了。一件心酸事，让我改变了工作思路。那是2015年新生入学时候，这个时期是整个学院最关键的时期，也是各系部最忙碌、最紧张的时期，首先，学生初来乍到，特别是100多名西藏学生的到来，给学生管理工作增加了更大的难度，他们对气候、饮食的不适应，加之生活习惯与内地存在差异，内地学生不愿意与西藏学生在一个班级学习，更不愿意共处一室，造成系部分班、分寝室问题上出现了分歧。其次，年老教师普通话不够标准，语言不通造成教学困难，我不断地做学生思想工作，稳定学生情绪，尽快调整与解决学生工作中不断发生的一系列问题，连续一个月加班加点与值班，我真正做到了以“学校为家，学生为子”的工作状态与责任担当，一个月后新生的学习与生活逐步走上正轨。我刚想缓口气的时候，正在主持辅导员工作例会的我，感觉两眼晕花，下腹疼痛，血流满地，出现了流产预兆，赶到医院，打针买药回到家，时针已经过零点。在流产的第二天，接到系学生干部电话，系部有个学生发生了意外受伤事件，心急如焚的我匆匆忙忙赶到学校忙碌又是一整天……

流产事件的发生让我逐渐领悟过来，系部工作要提升，求发展，必须有一个优秀的管理团队和一套切实可行的管理办法，于是我改变思路，着手摸索行之有效的系部管理方案，重点抓好以下六个方面的工作：

一、加强学风建设

随着高职招生规模的持续扩大，入学门槛一降再降，涌入高职院校的学生素质不断下滑，尤其是学风状况不尽如人意，旷课、迟到、早退、考试舞弊、缺考、过度娱乐等现象严重，不良学风状况严重制约了学院的生存和发展，因此加强学风建设是开展一切工作的当务之急。于是我把“学风促班风，用活动和气氛”作为系部工作的指导方针，系部所有班级把学风建设当首要任务来抓，把学风建设做细，深入到学生个体学风，健全班级管理机制，开展各项活动，比如讲座、知识技能竞赛、文体活动竞赛、评比等形式的活动，这些活动的开展，要以促进学风建设为主线，做到有目的、有计划、有秩序、有成效地进行，打造出优秀的班级，也成就了优秀的系部。

二、加强辅导员队伍建设

辅导员是班级的组织者、管理者、领导者和教育者，是德育工作的一支中坚力量，党的教育方针的执行，素质教育的要求，新的教育观念的落实，学生学业、人生规划的正确指导等，大多需要通过辅导员来完成，可谓辅导员的责任重大，个人素质非常关键。系部通过进行辅导员业务培训，思政教育培训，工作经验交流等，来提高辅导员的自身素质、工作艺术素质与业务能力，让辅导员实践中表现出他们的精湛、娴熟、巧妙、显效并带有鲜明个性化特点的教育教学技艺，在班级管理工作中做到“亲、严、细、勤”，有的放矢地开展班级工作。

三、加强学生干部队伍建设

选拔、培养一批好的干部，使之形成坚强的集体核心，是创建优秀系部的关键。不管是班集体还是系部，都必须有一批热爱集体，又有较强工作能力，自身素质较好，在集体中有一定威信和影响力的学生干部。因此，对被选拔的干部，我们必须认真考察，严格要求，并从思想上加强教育，培养并提高干部自身素质，让他们懂得以身作则，严于律己，作为学工办主任与辅导员也应信任干部，支持他们的工作，维护他们的威信，并指导他们分析、解决工作中存在的问题，从而提高干部的积极性和工作能力，以便于他们井然有序地开展工作，有声有色地开展各项活动。

四、加强制度建设

“没有规矩不成方圆”“班风正，学风盛”。系部必须建立健全的系部管理制度，并要求各班级制定一套班级管理制度，避免盲目和随意，做到有章可循，有法可依，以强化学风建设。根据学院制定的制度与规定，系部配套制定了《系部辅导员考核细则》《学生会、团总支规章制度》《学生会、团总支奖惩制度》等工作制度、学习制度、考勤制度、评优制度，学生奖惩严格按学院制定的《学生奖励规定》与《学生处分规定》执行。

系部为了加强辅导员的工作责任感，对辅导员严格进行制度管理，我参照学院辅导员管理工作考核办法，对辅导员、班主任的工作进行严格细化、量化考核与评比，实行数据化管理，狠抓学生到课率、巩固率、缴费率，逐步提高听课率。每周、月、期末的规定时间在系部学工办办公室、QQ群或微信群公布辅导员考核成绩与各班级的检查评比结果，辅导员再依照各项考核对自己的工作进行查漏补缺，督促管理出效果。

一学年下来，学工办对系部到课率抽查结果进行了统计，高职平均到课率在95%以上，蒋佳老师所带的环境艺术专业班，林梦老师带的牲畜专业班等班级到课率均在98%～100%，中职计算机班到课率在90%以上，另外系部学生巩固率较高，督导部门统计系部学生流失率为3%；缴费率高，除了贫困贷款学生缓交学费外其他一律无拖欠学费的现象。

五、加强心理健康、安全教育

学生工作无小事，学生安全是大事。在社会经济快速发展和教育体制不断改革的今天，当代大学生的心理特征发生了很大的变化，面临着来自人际适应、价值取向、就业等各方面的压力，心理问题出现的频率越来越高，为此，对他们加强心理健康教育的指导是十分必要的。我们必须对高职生宣传和普及心理科学知识，让他们认识和识别异常心理现象，针对不同年级高职生的心理发展特点实施心理健康教育，让他们学会自我维护心理健康。系部通过开设心理健康教育课，开展个别、团体咨询与辅导，开通专栏、电话等咨询，帮助他们解决问题，消除烦恼，使之成长成才、全面健康发展，努力开创思想政治工作新局面。

当代大学生由于缺乏社会经验与安全防范意识，有一些学生在受到不法侵害时，不知道如何保护自己，轻而易举地被一些不法之徒欺骗或威逼利诱，容易上当受骗，留下了种种影响安全的隐患。为加强安全教育，提高防范意识，人人规范行为，个个自我保护，排查安全疑点，消除事故隐患，落实安全责任，确保学生平安，系部定期举办以《提高安全意识·创建平安高校》《远离校园贷款，树立理性消费观念》《拒绝大功率电器·构建和谐校园》《珍爱生命·预防溺水》等为主题的讲座、主题班会活动。

安全稳定是大学生安心学习的前提和保障，也是学院发展的前提条件，学生安全问题应引起我们的充分重视，未雨绸缪，避免临渴而掘井。

六、加强宿舍管理

学生宿舍新文化是校园文化的组成部分，加强学生宿舍文化建设，倡导和培育积极健康向上的宿舍文化，有利于学生学习科学文化知识，有利于学生形成健康人格，树立正确的思想道德观念，有利于培养学生的集体观念和协作精神及集体荣誉感，所以系部要把寝室文化建设作为重点工作来抓，加强学生劳动养成教育，全面推进寝室“6S 管理”，工作不流于形式，层层落实，打造标准化寝室，让学生学习与生活环境大改观。

探索，是我对 2015 年学生工作的最好诠释！

感悟的 2016 年

2016 年上学期，由于工作的需要，我从生物与信息工程系调到了机电工程系学工办，工作节奏从未减速过，机电工程系男生人数占了总人数的 99%，女生不多的集体已经明显体现出了气氛的不活跃，于是我把重点工作放在开展学生活动上，建议辅导员通过了解学生的兴趣和爱好以后，多组织班级活动，如春游、野炊、卡拉 OK 比赛等。在 2016 年“五四”晚会上，我花了一个多月的午休时间，带领 13 个男生与 2 个女生，改变以往的大合唱风格，跳起了青春现代舞，受到了观众的欢呼捧场，晚会后几个男生给我留言：“蒋科长，下次晚会我们继续跟你跳舞。”“蒋科长，我们相信你！”这个舞蹈坚持练了一个多月，我有一个多月没吃中餐，一个多月没有午休，我挺过来了，学生的组织纪律性加强了，思想上进了，我幸福地笑了。

在这一年，我不再拘泥于一件一件具体事物，而且针对每一件事，我放手观察、引导、鼓励学生自主管理，总结管理得失，着重思考。通过“感”“悟”我对原有的学生会组织、干部队伍，对辅导员队伍，对所有规章制度，开展了系统的思索。

“大道至简”，或许就是我2016年学生工作的最大收获吧！

在2014～2016年连续三年的学生管理工作中，历尽艰辛与酸楚，在学生管理工作岗位上，当一个辅导员不容易，当一个学工办主任更难，“学高为师，身正为范”，学工办主任是辅导员与学生聚焦的中心，是系部的一面旗帜，我们对学生严格要求，可以让学生终身受益；我们一次爱心的付出，可以使学生永生铭记；我们一个俯身拾垃圾的动作，会给学生带去心灵深处的震撼，“一枝一叶总关情”，学工办主任的工作也是何其重要！凡事从大处着眼，从小处入手，学生之间的矛盾，学生遇到的困难，学生的心理问题等，我们都必须及时发现、善于沟通，并尽快一一解决。在担任系部学工办主任期间，不管是白天还是深夜，开车送学生上医院，带头捐款给重病学生都是常有的事；建立系部勤工俭学群，为贫困学生找工作，解决温饱问题等干的都是实事；连续半个月加班至晚上12点才回家更是屡见不鲜。为了学校的发展，为了学生的前途，为了所有家长的期盼，我们流过汗，流过泪，受过委屈，但是我们累并快乐着，回想匆匆而过的三年，脑海中一幕幕感人的情景清晰可见，工作忙得不可开交忘吃饭的时候，辅导员递上热腾腾的快餐；东西搬不动的时候，学生主动搭把手；夜深人静处理完学生事情后，学生坚持送我回宿舍；比赛没拿到第一名的时候，干部发个信息“蒋科长，对不起，我们下次一定努力！”；毕业后的学生每逢节日，都不忘发条短信：“蒋科长，保重身体，我们永远爱你。”；女儿酸溜溜地说：“妈妈，我很敬佩你，你尽管安心工作，别担心我。”……我还能说什么呢，付出也是一种幸福！

作为学工办主任还要兼任一个班级班主任的我，坚持学生为本，德育为先，从学生存在的问题和弱点抓起，将各项工作明确责任，落实到人。抓细节，抓实事，抓小事，把各项工作做到高标准、高效率、高品位，我始终以高度的责任心和扎实肯干的工作作风坚持在工作岗位，协助学院做好每一项工作，直至学生顺利离校，为学院学生管理工作逐步稳定地上台阶贡献我的一份微薄之力。

艰难的2014，探索的2015，感悟的2016，成就了人生历练的过程，成就了管理者的探索，成就了创造者的思想！

我一直在努力！

蒋亚嫦，女，中共党员，1997年7月大学毕业，本科学历，任机电工程系副主任，主管系部学生管理工作。

心语：付出不一定有回报，但一定有收获，不求回报的付出，往往会让我们的内心感到欣喜和满足！

让学生工作更贴近学生*

2016 年，生信系的学生工作辛苦多多，收获多多，成果多多。系学生团支部荣获“益阳市红旗团支部”“湖南省优秀团支部”称号，系学生党支部荣获“益阳市优秀党支部”称号，胡长生老师荣获“湖南省高校辅导员年度人物评选”提名奖。这一年，我的体会就是做好学生工作需要突出系部特点，贴近学生实际，有特色、接地气。

我在多年从事学生工作实践中体会到，学生的日常管理工作至关重要，一定要紧贴学生实际，细致细心，把工作落实到每个细节中去。生信系学生来源的省份多、人数多、专业多、班级多、少数民族多、合作办学多、宿舍分散，情况复杂，管理难度很大。2016 年，学生人数急剧增加，由上学期 920 人到下学期 1408 人，这些学生来自于全国 9 个省区；全系 37 个班级，占全院班级的 26.3%；专业由 2016 年上学期的 7 大专业增至 8 大专业，横跨农林大类、建筑大类、计算机信息大类，其中合作办学专业 4 个，涉及到 4 家不同的合作单位；全系共有少数民族学生 630 人，占本系学生总数的 44.7%，其中藏族学生 309 名，占 21.9%。少数民族学生比例大，尤其是藏族学生比例高。由于各民族风俗习惯、教育基础不同，学生在文化基础、思想观念、生活习惯上很不一样，增加了教育管理的难度。加之我系学生居住分散，分布在 3 个区域、8 栋宿舍、121 间寝室之中，管理工作点多、线长、面广。针对这种情况，我们本着“以学生为中心，关爱学生，服务学生”的管理理念，要求每一位辅导员、班主任把工作做深做实，落实到每一个细节之中去，做到“四细”：细致观察，详细了

---

* 本文作者：皮惠林

解，仔细分析，细心呵护。比如，为了提高学生到课率、按时就寝率，要求辅导员每天必须到班上巡视两次并到办公室签到两次，必须每周下寝室不少于3次。同时，要求辅导员必须亲自参加学生的劳动养成教育，参加主题班会、主题活动，找学生谈话不少于30次，及时掌握学生生活、学习情况，关心困难学生。西藏学生来到湖南就读，由于环境、气候的不适应，有的学生容易患病，这一学期送学生就医就达9次，从挂号、看病、检查到取药，甚至住院，辅导员老师都像对待自己亲人一样，自始至终陪伴着学生。为了使藏族学生更快融入到学校这个大家庭中去，我经常带着辅导员深入学生的寝室，观察他们有民族特色的各种布置，找他们聊天谈话，尊重他们的民俗习惯，特别是注意洞察女生的情感变化，教会她们生理卫生知识，帮助她们打开心扉，使她们能够感受到学校的关心和温暖，能尽快融入大学生活。

要把工作做好，人是关键的因素。生信系辅导员人手紧，只有14人，其中从事学生工作不到一年的就有7人，合作单位派出的7人，兼职的4人，专职的仅3人。面对学生人数多、情况复杂形势，我注意加强对辅导员的培训，定期组织辅导员学习、研讨、交流，促进共同提高。同时，加强辅导员目标管理考核与评比。系部每周召开一次辅导员工作例会，对学生管理工作进行情况交流和工作点评，及时发现并解决工作中存在的问题。这些工作对提高辅导员的能力和水平很有帮助。

突出学生特点，开展丰富多彩的主题活动，陶冶学生情操，促进学生健康成长和各民族学生的融合，是我们工作的重点。青年学生精力充沛，处在长身体、长知识的关键时期，是世界观、人生观、价值观形成的重要阶段。这个时期的学生既有强烈的探求欲望，也存在判断、辨别能力不强的问题。因此，加强学生成长引导至关重要。针对学生的这些特点，我们开展了一系列活动，把工作做出特色。

一是认真实施“铸魂工程”，加强学生党建工作。系部在学院的支持下，率先建立了全院第一个学生党建活动中心，组织学生党员定期开展活动。今年，先后9次进行专题学习。

二是开展形式多样的教育和文体活动。如结合学院评选感动校园人物活动，在系里开展学雷锋活动和向贡秋泽成同学学习活动。西藏学生贡秋泽成是全市评选的“五爱青年”，受到了市关工委的表彰，益阳电视台、益阳城市报对此进行了专门的报道。从 2016 年下学期起，在全系学生中开展“十倡导十不准行为”的文明教育活动，倡导学生做守法、文明、勤奋、诚信、创新的好学生。又如，聘请了农民作家夏汗青进大学讲堂，为我系学子举办了《爱读书》专题讲座，并在他的指导下，14 级环艺学生出版了《走进徽州》一书。同时以系部专业特色为主体，开展校园文化创意活动，组织了写生作品展、空间设计作品巡展。根据西藏学生能歌善舞的特点，周末组织学生跳锅庄舞，组建足球队，安排专业教练指导训练，丰富了学生课余生活，培养了学生的团队精神和奋发向上的意识。

三是紧扣教学需要，推动学生开展创新创业活动，培养学生知行合一的人格品质。组建了多支以专业为主的兴趣小组，园林专业依托校内实训基地、生物技术研发推广中心，环艺专业依托园林工作室，开展了专业相关的第二课堂活动。大力支持在校学生自主创业，14 级畜牧班李凌等 3 位同学在泸溪创办了大型养殖场，15 级畜牧班学生陈科生在校外办起了珍珠鸡养殖基地。

立足于学生“自我管理、自我教育、自我服务”的工作思路，注意加强学生干部培养，发挥学生干部的作用。每月定期组织召开学生干部会议，会前，我都会做好充足的准备，安排老师和优秀学生干部对新进学生干部进行培训。一年来，共举办了《如何增强干部队伍的执行力》《怎样加强团队干部的协作精神》等 5 次培训，共挑选培养了 70 名团学会干部。在工作中，我注意指导学生干部如何提高工作能力、改进方法，及时鼓励学生干部发挥积极带头作用，为他们的成长提供平台。通过培训和活动，有力地提升了学生干部的素质，提高了学生干部的能力，学生干部的责任心、执行力、工作效率和工作方法都有了明显的变化。比如在自我管理方面，团学会成立了应急小分队、卫生督察队。在学院开展的各项比赛活动中，我系学生表现优秀，获得了一系列荣誉。男子篮球比赛获得第一名，足球联赛获得第一、二名，系部获得优秀组织奖；5. 25 心理健康活动比赛中，系部荣获团体第一名；全院田径运动会上，我系有 2 名学生打破了校运会跳高、跳远记录；在第二届全院经典诵读比赛中，系部选送的 3 个节目分别获得两个二等奖、一个三等奖，系部获得了优秀组织奖；在益阳市民族宗教事务局举办的全市少数民族学生“共同团结奋斗　共同繁荣发展”

的联谊会上，我系选送的民族舞获得了市领导的一致好评。

皮惠林，女，中共党员，2002 年 6 月湖南行政学院成人大专毕业，任生物与信息工程系学工办主任。

心语：越有故事的人越沉静简单，越肤浅单薄的人越浮躁不安；真正的强者，不是没有眼泪的人，而是含着眼泪依然奔跑的人；耐心点，坚强点，即使看不清前方的路，也要依然相信自己，健康生活，快乐工作！

我与团队共成长*

两年前，学院党委安排我来经管系做学生工作，至今我仍清楚地记得当时刚来系部的真实感受：茫然、无助、压力重重……沉浸在如何开展学生工作，怎么做好学生工作，从哪里着手，如何把握工作的重点与方向等一系列问题中。看着一群90后的年轻辅导员，看着这些青春洋溢的经管学子，我顿时茅塞顿开：工作就是从学习开始，工作便是从建立团队开始，建立一支真正意义上的团队是做好工作的关键，取得成功的法宝。

美国著名管理学家斯蒂芬·P. 罗宾斯认为，团队就是由两个或者两个以上的、相互作用的、相互依赖的个体，为了特定目标按照一定规则结合在一起的组织。我认为一起经历过风雨洗礼、跌宕起伏、浴血奋战、荣辱与共、艰难困境，依然迎难而上，创造奇迹，那就叫团队。

经管系学工团队是一支有着女性的细致与温柔、男性的果敢与坚强的清一色女性的工作队伍，戏称“娘子军”。队伍成员现有12人，全部为本科以上学历，其中硕士研究生7人，平均年龄27岁。年轻充满朝气活力，善于学习、接受新事物，个性强、自我意识浓，这都是团队建设的良好条件。但人员组成复杂，除了学院本部人员之外，还有来自合作单位的成员。有德克特公司1人，公管学院4人，她们工作环境不稳定，统一管理难以到位。再加上缺女生干事，缺男性成员，为团队建设带来诸多困难。

第一，确定较高的团队目标。凡事必须有目标，目标一致、协同共进，就如航行于大海的巨轮，有船长的正确指挥，有勇敢船员的配合，每一个人都发

---

* 本文作者：刘慧予

挥着重要作用，凝聚成劈波斩浪的巨大动力。目标是一面旗帜、一盏明灯，它可以带领大家朝着共同的方向去努力、拼搏。经管系学工办根据学院学生工作趋势、工作现状和经管系学生的基本特点，确定了培育学工特色、创建学工品牌、综合考评优秀、力争年度第一的团队目标，并使团队目标深入经管系学工团队的每个成员的内心。团队成员分层次、多方位共同为这个目标努力奋斗，从而使目标最终得以实现。团队成员一起研究学生管理工作中的难点和重点，根据系部学生的具体情况有针对性的攻坚克难，不断提升自身的管理能力和管理水平。

第二，努力做一名优秀的领头人。巴顿说："一头狮子带领的一群羊可以战胜一头羊带领的一群狮子。"领头人的意识决定着整个团队的优秀与否，领头人是团队的灵魂。我深知"打铁先要自身硬"，自身素质、责任心、大局意识、身先士卒更是必不可少，否则一切举措、计划都将难以实施。我一直从以下几点不断努力着：

1. 做遵守制度的榜样。从不敢凌驾于制度之上，成员步步效法，人人忠实照办，渐渐形成氛围。

2. 不计个人名誉努力工作。从不把荣誉算在自己头上，而是尽可能把名誉让给队员，所取得的一切荣誉都是团队的荣誉。

3. 培养队员工作能力。领头人一定要因才适用，根据她们的特长去发挥她们所能，经常听取队员解决问题的办法和建议，并鼓励大胆实施。

4. 尊重和关爱队员。尊重成员不仅仅要尊重他们的人格和劳动成果，而且要尊重他们提出的一切合理化意见和建议。每次成员通过踏实肯干取得成绩时，我都要激励其再接再厉、继续努力。作为领头人我在内心深处把团队成员当作自己最亲密的战友，把她们的快乐和成就视为自己的快乐和成就，真心地分享她们的喜悦，真心地接纳她们的缺点并且时常提醒、鞭策她们克服不足之处。

5. 加强学习，不断提升自我。自学相关心理健康课程并考取了国家二级心理咨询师，发表论文、专利等，不断研究学生管理和团队建设相关工作的内涵，为成为一名称职的领头人做了很多的努力。

第三，树立团队荣誉高于一切的意识。荣誉是团队的生命。争取荣誉、创造荣誉、保持荣誉、珍惜荣誉是优秀团队中每一个成员的自觉行动。是否有强烈的荣誉感是每一个团队成员的道德标准。团队荣誉就是每个人的荣誉，是每一个队员昂起头走路的资本。荣誉感是团队的灵魂，对团队的意义非同小可。团队荣誉感的培养可以唤起队员心中对自己工作的荣誉感。经管系学工团队每个成员都具有强烈的团队荣誉感，在工作中都努力为团队增光添彩，尽量不因个人原因损害团队荣誉，这为团队目标的实现打下了坚实的基础。

第四，营造一个深度沟通、信任、和谐的环境。团队就是把人家的思想融合在一起，形成更多的思想；把大家的聪明才智整合在一起，变成团队的智慧。一个优秀的团队，强调的是精诚团结和相互信任。团队成员中如何进行沟通其实是一门很大的学问，如果成员之间沟通不好，往往会产生矛盾，形成内耗，影响工作的正常开展和团队目标的实现。

一是领头人要相信下属的能力和智慧，只有充分发挥出大家的智慧和力量才能更好地为团队献计献策。二是要为成员之间相互沟通和交流创造条件。经管系学工办将传统的工作例会改为学生工作研讨会，每个成员都对每周的学生工作进行认真地工作总结反思和热烈地交流探讨。“学而无友必然孤”，成员在会上相互请教、广泛交流、畅所欲言、各抒已见。思维在这里碰撞，工作思路在这里形成，工作模式在这里完善。团队工作的创新和改革、进步和提升，也在研讨会上逐渐显现。经管系学工团队都在一个办公室上班，每天工作时间都在一起，也为成员之间的沟通和交流提供了便利。三是领头人要主动和成员进行真诚的沟通。这种沟通崇尚诚实、崇尚平等，与成员进行感情上的交流、平等的交流、深度的交流、透彻的交流，这样沟通才能达到预期的效果。

通过努力，经管系学工团队已真正营造了诚挚沟通、相互信任、相互合作的良好氛围，团队凝聚力因此提升。

第五，建立健康的竞争合作格局。竞争与合作是对立统一的。只有合作没有竞争就会缺乏争先创优的锐气，只有竞争没有合作就发挥不出团队的集体优势，好的团队是竞争与合作相辅相成、和谐统一的整体。团队的竞争应该是健康的、积极的、良性的，是合作共享的竞争，是共同奋斗、自我提升的竞争，团队的合作是成果共享的竞争。一个团队只有紧紧团结在一起，才能将力量发挥到最大，才有整个团队的和谐及坚强的战斗力。

第六，设立一个竞争对手。这个竞争对手是团队成员认可的且认为经过努力可以超越的。经管系学工办设立的竞争对手是自己的过去，也就是说这个团队要超越自我、突破自我。每个成员都要有超越自我的个人目标从而形成团队目标。

在团队成员的共同努力下，经管系学生平均到课率99%、缴费率97%、流失率2%，违纪率不断降低，学风系风有显著好转。一年来，经管系无一起重大违纪、无一起严重问题、无一起责任事故，未向领导递交一个困难、未为给学院增加一份负担。一年中，经管系在学院重大学生活动或比赛项目中，几乎囊括了优秀组织奖和第一名。在年度考核中，经管系学生工作综合考评全院第一，为系部被评为学院优秀系部作出了一定贡献。

刘慧予，女，中共党员，2003年大学毕业，本科学历，学士学位，讲师，任经管系学工办主任。

心语：负责经管系学生工作的三年，是我一辈子最难忘的三年，我始终坚持用心投入、无私奉献、默默耕耘，校园里、教室里、寝室里、食堂里，香樟下、球场旁、石桌上……我和我的辅导员、学生们一直都在一起，我们见证着彼此的蜕变，分享着成长的喜悦。三年来，我督促他们积极奋进、鼓励他们自强自立、激励他们勤学苦练、告诫他们真诚待人、引导他们传递大爱，亦师亦友，为他们的成长之路铺垫了基石。

规范管理　用心提高育人质量*

2016 年汽车工程系学生工作在学院党委、学院学生处的正确领导下，在全系师生的大力支持和共同努力下，全面坚持以生为本、科学管理、正确引导的工作原则，以加强基础文明教育、培养学生良好的生活习惯和学习风气为重点，树立育人意识、法制意识、服务意识及创新意识，充分发挥了学生管理工作在我系的稳定与发展中的积极作用。

一、学工队伍建设

学工办是负责学生日常工作的综合协调机构，是强化学生思想政治教育和德育工作、促进学生全面发展的学生管理机构。加强学工教师队伍和学生干部队伍的建设对强化学院的学生管理，引导学生树立科学的世界观、人生观、价值观有着非常重要的意义。

（一）进一步加强辅导员班主任队伍建设

辅导员班主任紧密配合学校学生工作的部署，对学生的学习态度学习方法予以引导、对生活自理独立能力予以引导、对寝室集体生活行为予以引导、对人身财产安全的防护予以引导、对生活或学习有困难的同学予以帮助，落实常规的学生学籍管理执行工作，落实国家贫困生资助工作，等等。这些工作的落实，充盈着辅导员班主任工作全部，体现在开班会、宿舍走访、跟同学的聊天这些日常工作行为当中。因此进一步加强辅导员班主任队伍建设对系部学生管理起着关键的作用。

---

* 本文作者：曹燕秋

1. 坚持学生工作例会正常化

通过每周日的学工例会，对本系在学生工作中取得的成绩和存在的问题进行探讨与总结，各年级辅导员就我系阶段性情况进行总结，分析存在的问题，提出解决的办法，并部署下一阶段的工作。各班辅导员班主任参与讨论，提出学生管理工作的要求与希望，不断提高我系学生管理工作整体水平。为进一步规范大学生日常行为，不断强化纪律意识，结合我系学生的实际情况，各班组织广大学生反复学习《益阳职业技术学院学生手册》。为进一步加强学生管理力度，我系学工部门安排各辅导员必须每天检查学生按时上课情况及晚自习情况、就餐情况、安全情况等，负责处理日常事务和突发事件。学生上课、晚自习纪律良好，出勤率高。凡遇各种节假日，相应的工作安排均能严格遵守学校上级部门的规定与布置。

2. 加强对辅导员班主任的培训和考核工作

辅导员班主任肩负着我系学生教育、管理和服务等重要任务，对于坚持正确的办学方向，全面贯彻党的教育方针，全面推进素质教育起着不可替代的作用。辅导员班主任素质的高低，直接影响学生工作的水平和质量，在促进我系的改革与发展、维护稳定、落实人才培养目标等方面，具有关键作用。因此，学工办配合学院学保处对辅导员进行了为期三天的培训，平时工作中也对辅导员班主任的工作进行了指导，提高了辅导员班主任的整体素质。为完善学生工作体制，系学工办出台了完善的辅导员班主任考核制度，对辅导员班主任的工作进行了严格的考核，增强了辅导员班主任的工作责任感。

（二）进一步抓好学生干部队伍的建设

当代大学生是同龄青年中的佼佼者，而高校学生干部则是佼佼者中的优秀分子，因此，引导学生干部认清时代发展特点，明确肩负的历史使命，全面正确地认识自己、锻炼自己，加强学生干部队伍自身建设，提高学生干部自身素质，是一项伟大事业。随着我系学生规模的不断扩大，系学工办督促各年级完善和充实了学生会及班委会的组织机构，建立健全系团学会和班级学生干部的考核制度，努力提高广大学生干部的思想素质和工作能力，充分发挥学生干部的模范带头作用。学工办规定了团学会每个部门的工作职责，并组织系团学会干部每周日定期举行团学会工作例会，对每周的工作进行总结及对下一阶段工作进行布置和安排。学工办要求团学会对学院或系里即时布置的任务进行预先分析，对已经完成的任务要进行总结，对有问题和组织不好的地方认真制定整改意见并限期整改。我系通过建立高效的系团学会组织，不仅使身处其中的学生干部锻炼了自己的工作能力，也充分实现了该组织所起到的有效加强广大师生间联系的作用。

二、规范日常管理

（一）坚持常规工作制度

学生工作例会制度、学生管理值班制度、主题班会制度、学生干部例会制度等等，这些制度的实行保证了学生工作的系统性和针对性，推动学生工作进入正常轨道；督促各年级严格学生管理，加大对学生日常行为和班级管理的考核力度。这就要求各班对学生进行全方位、全天候的检查、监督和考核，对表现好的学生给予表扬和鼓励，对表现差的学生本着以教育为主的原则，先对其做工作，进行思想教育，教育无果的给予适当的处分，对那些表现恶劣的学生给予留校察看或开除的处分。通过自始至终的严格管理，把学生约束、规范到正确的行为方式上来，充分保证校园秩序的稳定。

（二）开展学风建设

学风是学校核心竞争力的重要内容，是一项长效工程。一是加大思想教育的宣传力度。通过学生干部例会，要求各年级学生尤其是新生深入学习学院有关规章制度，掌握学籍管理的具体规定，教育和引导学生明确学习目的，高度重视组织学生自主管理，着力发挥学生公寓、学生社团在学风建设中的作用。二是“公平、公开、公正”地开展评选评估评助活动。通过让一些在学习中具有带头模范作用的优秀学生开展经验交流座谈会或讲座，在全系营造出一种以学习优秀为荣的良好氛围。对在今年“评优评先评助”中涌现出来的 4 个优秀班级、42 名“三好学生”、30 名“优秀学生干部”、12 名“三好学生标兵”、13 名“优秀干部标兵”、6 名“优秀系干部”以及各类奖、助学金获得者进行了表彰。

三、开展素质教育，全面提高学生综合素质

（一）开展了2016级新生迎新工作

根据学院2016年秋季迎新工作方案的安排，系部也制订了相应的迎新工作方案，积极做好了开学的各项有关准备工作。积极配合院部开展了新生军训和新生入学教育工作。新生军训加强了学生的身体素质，让学生增强了集体荣誉感和对学院的归属感，同时也强调了学生的纪律要求，对新生尽快融入新的学校开始新的生活起到了举足轻重的作用。新生入学教育是加强学生思想道德教育的重要环节，对学生树立正确的人生观、世界观、价值观和荣辱观有着重要的意义。入学教育安排学生学习了《学生手册》，学习了系部的理念和文化，认识了专业仪器，进行了专业思想教育、职业道德教育、基础文明的养成教育，着重进行了新生法制安全教育和安全卫生教育，杨院长的“人生新起点”课程为学生的努力方向点亮了一盏明灯。通过新生入学教育，学生了解了学校的学习和生活方式，树立了爱校意识，适应了新环境，掌握了学校的各项规章制度和学生日常行为要求，为今后努力养成良好的行为习惯奠定了基础。

（二）关注我系学生的心理健康教育工作

加强大学生心理健康教育是全面推进素质教育的重要内容，是培养高素质人才的重要环节，是加强和改进大学生思想教育工作的重要任务。我系高度重视大学生心理健康教育，在日常思想教育工作中，学工办要求辅导员班主任注意区分学生的思想道德问题与心理问题，善于对学生的心理问题有针对性地进行辅导或咨询，对有心理困扰、心理障碍的学生提供及时必要的帮助。2016年下学期，系部配合学院学保处对2016级新生进行了心理普查，对有问题的学生建立了心理问题档案，并要求辅导员班主任时刻关注心理问题学生的动向，及时地对其进行开导和交流。

（三）示范学生楼栋创建工作

为了加强宿舍文化建设与管理，增强宿舍成员的凝聚力，增强大学生对宿舍的归属感，塑造健康文明、积极向上的宿舍文化氛围，培养大学生良好的生活习惯，营造安全文明、卫生整洁、和谐愉快的宿舍大环境和创新氛围。汽车工程系学工办在学院领导和学院学生处的支持和帮助下，于2016年进行了学生

示范楼栋建设工作。学工办在示范楼栋建设工作中不断地探索新途径，不断地总结经验，不断地完善创建机制，不断地加强规范管理，使示范学生楼栋建设取得了较好的效果，初步形成了具有系部特色的、规范的寝室文化。

（四）开展各项活动，丰富了学生的校园生活

为了充分调动学生的积极性，我系学工办积极开展了各项有益的课外活动。

积极鼓励学生开展了各项社团活动，社团是大学生活中不可或缺的一部分，因此学工办积极鼓励学生参加学院的各项社团活动，在学院的支持下，由汽维14202班的谭永鑫同学组织的学校天文社团请来了台湾著名的天文学者为学生讲解天文知识，大大丰富了学生的课外知识。

开展了汽车工程系2016级“迎新杯”篮球赛。为了丰富同学们的校园生活，激发同学们的运动热情，加强班级之间的交流，增强新生对学院的归属感，充分展示大学生的青春活力，我系特举办了2016年“迎新杯”篮球赛，这次篮球比赛体现了当代竞技运动精神，锻炼了同学之间的团队合作能力，让新生尽快地融入到了新的集体，增强了学生的集体荣誉感。

开展了“感恩的心”主题演讲比赛。为了锻炼同学们的演讲能力和口头表达能力，增强学术气氛，给大家提供一个展现自我、提升自我的机会和舞台，团学会特举办了一场以“感恩的心”为主题的演讲比赛，通过比赛，系部涌现出了一批演讲能手。

系部还配合院部开展了“校园歌手”大赛、“中华经典诵读”比赛，开展了汽车系团学会学习交流活动等等，大大丰富了学生的校园文化生活，并通过这些活动，突显出了学生们的才能，让学生们的能力得到了很好的发挥。

四、积极做好学生的安全工作

学院对学生的安全特别重视，要求系部必须确定好安全责任人，结合系部实际建立完善的安全管理制度，并组织各部门主要安全责任人每月的第一个星期定期召开安全工作例会。学工办根据学院要求，做出了相应的措施，建立了安全管理制度，要求辅导员每周上交安全排查表，和学生签订了安全承诺书，学工办工作人员不定期地去寝室进行大功率电器和管制刀具的排查，以减少安全隐患，确保学生的安全。学工办定期召开了各班班长和宿管委员座谈会，宣

讲安全知识和强调安全的重要性，并要求他们到班上传达。每次的示范学生楼栋总结会和一年级学生大会我们都会给学生讲安全、法律方面的知识，以增强学生们的安全意识和法律意识。总之，学工办总是把学生的安全放在第一位，完善各项制度，不断地对学生进行安全教育，增强学生的安全意识，力保学生的安全。

五、围绕学校中心工作，配合有关部门，圆满地完成各项任务

（一）切实做好教育管理方面工作，认真做好学生档案整理、归档等工作，填报新生入学登记表，科学合理地编排新生班级、学号，分班建立学生学籍表，分学期填写学籍表，编制全系学生花名册、记分册，认真做好学生升学、入学、转学、休学、复学工作。配合学院招生就业处做好毕业生的实名制认证工作，对毕业生的动向进行统计并建立档案。

（二）广泛宣传学生资助政策，科学建立和及时更新经济困难学生数据库，遵照学院相关规定，按计划审核学生的受助资格，积极做好学生资助政策的宣传教育工作。按要求评选针对贫困生的奖学金、助学金、困难补助等，及时规范上报评选结果和相关材料。本学期，系部共有20名学生获得了国家励志奖学金，45名学生获得了国家一等助学金，45名学生获得了国家二等助学金，45名学生获得了国家三等助学金。

六、加强系部党团建设，充实学生的组织生活

（一）注重加强团员、党员的理论学习

学工办定期组织学生团员、党员参与党的理论、党的会议精神的学习，讲解党团的相关知识，提高学生的思想觉悟。按照党员的标准要求学生积极进步，截至目前为止，学工办已经收到大部分学生的入党申请书。

（二）组织入党积极分子参加学院入党积极分子培训班

各辅导员班主任老师严格按照益阳职业技术学院要求，推选各方面表现突出的学生参加学院入党积极分子培训班，学生参加入党积极分子培训班对于我系党团建设具有重要的意义。

（三）严格要求发展学生党员

学工办严格按照党章要求，通过民主评议、谈话、公示等环节，遵循“坚持标准、保证质量、改善结构、慎重发展”的原则，2016 年上学期确定了郭颖超等 11 名同志为预备党员，2016 年下学期确定了任启等 7 位同志为发展对象，使得我院党员队伍建设进一步壮大。

这一年里，我系学生管理工作取得了一定的成绩，但也存在一些问题和不足。在今后的工作中，我们将继续努力，提高学生管理的科学化，不断加强研究，在高等教育大众化的形势下，大胆开创学生工作的新局面。

曹燕秋，女，中共党员，2005 年 1 月湖南广播电视大学毕业，本科学历，任汽车工程系学工办主任。

心语：学生的成长和进步离不开我们的引导和培养，因此我们所担负的不单单是管理者的角色，还要是引导者和培养者的角色。相信我们只要用心，就能浇灌出鲜艳美丽的花朵。

凝心聚力 探索前行*

从2001年8月至今，我已在学生管理工作的岗位上走过了16个年头。在这16年里，我一直以“一切为了学生，为了学生一切，为了一切学生”为工作宗旨，严格自律，扎实工作。这其中的酸甜苦辣，都是我走向成熟的标志，尤其是中职部成立的那一刻开始，我的角色转变了，感到身上的责任更加的重大。

2015年8月底，怀着各自的追求和理想，我们走到了一起，一个有深厚思政经验的60后，一个有丰富学生管理经验的70后，两个有霸气有冲劲的80后和一群有干劲和憧憬的90后，组建了一个梯队式的有活力的12人学生管理团队（其中有8名班主任），承担了中职部的学生管理工作，管理800多名学生。

部门成立之初，一切都是新的。新的部门、新的团队、新的学生、新的制度、新的目标，一切重新开始。部门所有成员团结一心，没有怨言，冒着酷暑，从早上6点30工作到晚上12点，这样坚守了3个月，所有工作都走上了正轨。

两年来，我部门在逐步成长和壮大，现共有21名管理人员（其中有1名教务干事，16名班主任），管理1600多名学生，主要做了如下几个方面的工作：

一、做好日常管理工作，提高生命力

（一）做好每年的迎新、入学教育工作。做好部门人员分工，使学生报到、住宿、军训工作更加有序。合理安排时间，协调其他系部工作，邀请专业教师做好入学教育工作。

（二）落实班级目标考核工作。严格按照中职部2016年一号文件《班级目

---

* 本文作者：孟慧

标管理制度》进行班级目标考核，将考核结果公布在评比栏，促进班级建设。各班根据《班级目标管理制度》《学生手册》制定班规对学生进行考核和操行分评定，促进班风学风。

（三）以提高到课率为重要抓手，加强学生的学习意识。第一年的全期到课率为95%，第二年为96.1%（白天到课率占75%，晚自习到课率占25%）。

（四）做好学生稳定工作。通过思想沟通和人文关怀多方位为学生做好职业规划和稳定工作。两年来学生缴费率均为100%，第一年的流失率为11.4%，第二年的流失率为6.73%。

（五）开展师生座谈会、班级学风调研会。以班级为单位，在学生中进行调研，提出对任课教师和教学方法的意见和建议、班级存在的问题和改进方法，提高了学生学习的积极性，有效地提高了班级管理水平。

（六）启动了中职部“铸魂工程”重点建设项目：3、5号教学楼示范教学楼创建工作（以3号教学楼为重点）。3、5号教学楼的教室布置做到美观、清洁、明亮、整洁，教室、走廊卫生做到清洁、整齐，学生在教学楼基本上做到了行为得体，班级精神面貌良好。

（七）将学生思想教育与问题学生转化工作纳入新常态。为了所有学生的健康，自入学以来，定期以“三对接”原则（学生思想教育必须与学生身心发展阶段相对接，与学生所学专业相对接，与时代新要求相对接）为准绳开展了一系列针对性的思想政治教育活动。对违纪学生，抱着教育为主的态度，在按规定严格处理的基础上，对学生进行了耐心细致的思想工作，只要能挽救的学生，尽量给予机会，没有轻易放弃一个学生。

（八）关注心理问题学生、贫困学生，加强中职学生心理对策研究，搞好心理健康教育，及时发现问题，做好预案，搞好资助工作，真正做到“情感育人”。

（九）加大宿舍管理力度，促进学生生活规律化。在宿舍管理上中职部管理部门作出了4项部署：第一，宿管部干部7点吹起床哨子，7点30早检，学生7点50前必须离开寝室；第二，班主任晚9点开始查寝，8栋、2栋宿舍10点（夏季10点30）必须熄灯，不得吵闹；第三，启动寝室规范化建设，2栋、8栋宿舍晚10点准时熄灯，就寝纪律好；第四，以每周二大扫除为重点，以寝室卫生习惯养成、内务整理为突破口，寝室每日一抽查，每周二统一全面检查。通过部署，取得了比较理想的效果：班级到课率高，教学次序良好；就寝纪律好，就寝率基本 100%，基本消除了外出上网的现象；卫生内务整体上台阶，本学年在学院寝室内务卫生评比中，8 栋 310 寝室被评为示范寝室。

（十）狠抓行为教育与养成教育。制定了《中职生行为守则》，通过行为纪律教育大会、晚自习思政教育和开展学习、践行《中等职业学校学生公约》活动狠抓行为教育与养成教育。

（十一）创新家校联系方式，开通了校讯通。通过 QQ 和校讯通加强与学生家长的交流沟通，共同管理学生。

（十二）以班级文化建设为重要推力，促进班级基础管理工作规范化。我部门全面启动班级文化建设工作，教室布置走向规范化，班级特色开始成型，班级管理走向有序化，班级面貌焕然一新。会计 15201 班、会计 15202 班、汽检 16301 班、汽检 16302 班、计应 16302 班多次被评为示范班级。

二、狠抓两支队伍建设，提高战斗力

（一）班主任队伍建设

1. 提升班主任的认识。通过学期总结会、研讨会、批评与自我批评，达成目标上的共识，提高班主任对管理工作的认识和水平。

2. 班主任常规管理工作高标准、严要求，常抓不懈，班级日常管理工作执行力强。班主任基本做到了 21 天按时查课，全天候坐班，每晚下寝室检查宿舍；坚持定期针对性地开展思想教育；班级活动组织到位，各项工作执行力强；坚持班主任例会制度。每周一下午 3 点召开班主任例会，学习重要文件精神，总结部署周工作，解决问题。

3. 努力提高班主任队伍素质。通过开展主题班会竞赛、经验交流会、班主任培训，提高班主任的业务能力和整体素质。

4. 加强班主任考核。制定并修改了《班主任绩效工资考核办法》，调整了考核内容，加强了班主任的责任心，激发了工作动力。

（二）学生干部队伍建设

1. 坚持学生干部例会制度。每周一下午 4 点 10 分召开学生干部例会，总结部署工作。

2. 努力提高学生干部的素质。由第一届的高职带中职的管理模式改变为由中职学生干部管理的模式，加强对团学干部的培训，通过班级座谈会等形式，培训学生干部，提高干部思想觉悟，使其在工作中规范化操作，发挥重要作用。

3. 加强学生干部考核。制定了《中职学生干部管理制度》，加强了学生干部的责任心，提高了干部自我管理、自我约束的能力。

4. 培养学生干部的工作能力。充分让学生干部加入到班级管理中，发现问题，解决问题。每年在新生报到和军训期间都推荐了 32 名优秀学生干部担任助理班主任，培养学生的组织协调能力。

三、开展各种形式的活动，提高竞争力

通过开展活动，形成了良好的氛围，对增强班级凝聚力，提高班级管理水平起到了很好的作用。

（一）坚持开展文化、竞赛类活动，挖掘学生才能，激发学生的爱校、爱国热情。如周四主题班会、心理健康活动月、演讲比赛、国学经典诵读比赛、第一届“手工艺品制作”大赛、“寝室文化成果展示”大赛等。其中在院第一届国学经典诵读比赛中，我部学生刘瑶获得个人一等奖；在“祖国在我心中”演讲比赛中，中职部 1 人获一等奖、1 人获二等奖、2 人获优胜奖；在“心无旁骛、求知问学”演讲和征文比赛中，中职部获奖人数占学院三分之一。

（二）积极组织学生参加文体活动，丰富校园生活，增强学生的团队意识和凝聚力。如迎新晚会、“青春杯”友谊篮球赛、广播体操比赛、歌唱比赛、拔河比赛、校运会等。我部门获得“我爱我的祖国”歌唱比赛优秀组织奖；在两届校运会中学生硕果累累，我部均获得“优秀代表团”称号；第八届校运会上，15213 班的杨希同学以 12. 48 米的好成绩打破我院保持 23 年的三级跳远纪录。

（三）组织开展志愿服务和公益活动，培养学生的爱心和奉献精神。如三月学雷锋活动、爱心捐款、义务献血、禁毒宣传等。

（四）树典型、学先进，开展评优评先活动。除学校评选的奖项外，我部门每学期还评选出了严守纪律、劳动卫生、文娱体育、宣传报道等单项奖。2016 年申双喜同学被评为市级“优秀团员”。

学生管理工作的主体是学生，灵魂是学生思想政治教育工作，核心是班级常规工作的精细化，关键在工作落实，主要力量是学生干部，制度是保障，队伍建设是依托，这是我们在工作中的收获，是部门全体同志共同努力所取得的成绩。当然也有很多不足的地方，需要我们不断改进，如以“铸魂工程”为指导，加强学生思想政治教育，提高主题班会整体水平，形成学生思想教育的系统性、科学性，提高“思想育人”的总体水平；狠抓课堂行为，开展各种激发学生学习积极性的学习竞赛活动，提高课堂学习效益，提高“课堂育人”水平；加大师生典型宣传力度，充分发挥榜样示范作用，不断完善“榜样育人”机制；加强新媒体思想政治教育，加大对班级QQ群、微信群、校讯通的管理，充分发挥新媒体在学生思想政治教育中的作用。我们将继续探索“一校两模式”的学生管理工作，以学生综合素质拓展为核心，创造性地开展各项工作，使部门管理进一步上台阶，实现预定的发展目标。

孟慧，女，中共党员，2001年6月益阳师范高等专科学校毕业，本科学历，任中职部部长。

心语：无论朝阳、雨露还是尘土，都有自身的价值，是金子总会发光。

第二编 02

迎风论剑

辅导员是大学生的知心朋友，是大学生开启人生航线的引路人，是和大学生朝夕相处的管理者。他们中有年纪大的长者，经验丰富；有年富力强的中年人，意气风发；有刚刚从高校毕业，走上工作岗位初出茅庐者，初生牛犊不怕虎。

他们在自己的岗位上，兢兢业业，体会着与学生共同成长的过程，有酸有甜有苦有辣。别样的滋味在他们的口中，娓娓叙说着在岗位闪光的平凡事，让人感同身受他们的不易和情怀。一步一个脚印，或深或浅……

努力方能静待花开*

在干燥、炎热的六月，我毅然地决定：我要辞职，我想当老师。在2015年的这个暑假，我如愿以偿地进入了益阳职业技术学院，终于成为一名人民教师——大学辅导员。

正式上岗前，我曾认真地研读教育部《普通高等学校辅导员队伍建设规定》，想对辅导员有一个较全面、官方的了解；我曾经满怀期待地回想我读大学时，辅导员的工作是什么样子。真的当了辅导员后，我发现辅导员要出现在每一堂学生睡大觉、玩手机的课堂上，提醒学生要好好学习，天天向上；辅导员要下到每一个脏乱差的宿舍，提醒学生一屋不扫，何以扫天下；辅导员要组织每学期的安全大会，提醒学生注意人身、财产安全，禁止下河游泳；辅导员要潜伏在每一个班群里，时刻提醒学生不准无故请假。但是对于学生，他们的心理却是这样的：总是来查课，老师讲的这么无聊，话还听不懂，你来听啊！管的真多，宿舍卫生也要来管三管四！不近人情，我生日只想跟朋友去庆祝一下都不肯批；辅导员太烦了，一下子开这个会，一下子开那个会。付出了这么多，还不被学生理解，作为一名年轻辅导员，实在是太伤心了！不过担任了电商15106班、商信15107班、商信14101班一年半的辅导员，我陪着他们成长，他们也伴着我成为了一名更有经验的辅导员。

我懂得了学生需要一名信任的老师。有一段时间，我发现商信14101班的熊同学经常心不在焉，不去上课，我又接到了一个电话谎称是熊同学的表哥，想了解熊同学的表现以及是否在校。我立马产生了警觉，与熊同学父亲联系，

---

* 本文作者：赵昭仪

反映他旷课严重的现象，而且提醒他询问熊同学是否有借高利贷。熊同学的父亲与其联系后跟我回复，他儿子说没有借高利贷，我们都没有再怀疑。一天下午，熊同学的父母来到我办公室，说他儿子终于抵不住高利贷的催款，找家里要8000元还债。我跟熊同学的父母到了迎风桥派出所，通过派出所跟放贷方联系，把本金还上了。父母不再信任熊同学，没收了他的身份证，怕他再次借款。在这之后的每一天，我都会去了解熊同学有没有来上课，没有来上课就去宿舍找他。没有多久的一个周日，熊同学没有来上晚自习，电话处于停机状态。我又立即与他的父亲联系告知情况，又通过他宿舍的同学用QQ跟他联系，一直没有得到回信。星期一一大早，他的父亲害怕孩子被高利贷绑架了，焦急地赶来学校。结果熊同学自己回来了，询问再三才说因为没有钱用，把一个新的三星手机当掉了。他说他不愿意回家，不想去上课，因为大家都已经不会再信任他了。我又到了宿舍，跟他说："每个人的成长过程都会犯错误，只要自己知错能改，老师相信你，老师也相信只要你有改变，最终还是会得到父母和同学们的信任。"他最后跟父母回家了，回家后给我发了QQ消息："您是唯一愿意相信我的人，是一位好老师，我以后会努力改的。"看到这几句话的时候，我眼泪瞬间就掉下来了，觉得以前找他谈过无数次话，跑过无数趟宿舍，跟家长打了那么多电话，一切都值得了。

很高兴，我成了一名更了解学生的老师。会计、电商、商信专业的学生有着明显的专业特色，都说经管系女生多，好管，听到这句话我内心是拒绝的，我所带的电商、商信专业男女生比例达到了1：1或者1：2。领导经常反应9栋男生宿舍卫生非常差，任课老师反映天气一冷，男生迟到、旷课现象严重。今年10月中旬，为了杜绝男生迟到现象，督促男生打扫好宿舍卫生，经管系辅导员每天早上7点30准时到达9栋男生宿舍，有的用小蜜蜂喊，有的直接拍门，一圈下来，大家的嗓子哑了，手拍红了。这样的方式我们持续了有大半个月，男生每天早早地就有在群里通风报信的，一大波辅导员已经到楼下了，大家赶紧起床、搞卫生。慢慢地，9栋男生宿舍卫生有了很大的改善，有的男生还跟我说："老师，这么早，你六点多就要起来吧，还这么冷，太辛苦了，以后你不用来了，我帮你叫他们起床。"我问："你们不是都很烦我吗?"他很不好意思地笑了，回答说："老师，谁都有点起床气嘛。但是我们心里明白老师你是关心我们的。”会计专业的学生服从规章制度好管理，而管好电商、商信专业的同学们，拼的都是感情哪。

短短一年多辅导员工作经历，我深知这个职业的不容易。每个学期的操行分评定，我会更加的细心，不会加错一位同学的分数，而使他全盘皆错；学生一旦有任何紧急情况，我会立马赶到现场，安抚学生，联系家长，应急能力、办事效率有了大幅提升；与每一位学生的谈话，我学会了洞察学生的内心，及时给予疏导……

天底下又有哪个职业容易呢！每一朵鲜花的绽放，都是一直在汲取养分，甚至有的还经历了日晒雨淋，最后才等到了最绚丽的绽放。成长的路上有些坎坷，不怕，我和大家一起努力，静待花开！

赵昭仪，女，中共党员，2014 年 6 月湖南师范大学毕业，研究生学历，硕士学位，任经管系商信 14101 班、商信 15107 班、电商 15106 班辅导员。

心语：辅导员，亦师亦友，用热情、爱心引领着同学们在大学成长之路上从青涩走向成熟，变得自立、自强。伴随大家成长的路途有辛酸也有欣喜，这些大家熟知或不熟知的平凡点滴，积累起来，就是一朵朵鲜花，我们一起静待花开！

用心指导 用爱奉献*

时光荏苒，转眼在益阳职业技术学院担任辅导员已经两年了，作为一名高职院校的专职辅导员，我深深体会到学生思政工作对于大学生在校期间学习、生活、实践的重要性，也深刻地感受到学生对于辅导员的信任和期待。总结自己这两年的学生管理工作的经验，我认为一切为了学生的坚定信念是我们每一个辅导员执着不渝的目标。

一、做好学生成长的指路人

大学生们正处于人生中最重要的上升期，他们思维活跃、喜爱新鲜刺激的事物，易受环境影响。当代社会的多元化和各不相同的价值观让这些处于时代迅速发展的学生们面临着各式各样的问题，而只有真正的与学生密不可分，才能更好地了解帮助他们。在校园中帮助大学生们处理学习中的琐事并不难，难的是如何给予学生正确方向的引导。每个学生的家庭背景、性格特征、兴趣爱好等各方面的不同决定了未来方向的多变性，辅导员工作的困难在于需要深入细致地了解每个学生的特征，积极主动地与学生沟通交流、正确指引，帮助学生树立端正的学习态度，使他们学习生活丰富的同时，对于一些恶性事件也起到提前干预的作用。

二、紧密围绕学生的学习生活，以活动育人

学生在校园的生活和学习都由各种活动组成，其中，体验式活动是最基本

* 本文作者：匡栩葭

也是教育效果最好的活动形式。它给予了学生难忘的亲身体验，在学生的记忆中留下痕迹，对学生的影响是最深刻的，是学生成长道路的财富，且受益终身。学生在校学习过程中，我们经常通过组织开展形式多样、丰富多彩的体验式活动，如主题班课、业余活动、文娱活动、演出等，及时了解班级情况和解决班级问题，丰富学生的业余生活和爱好，加强班级凝聚力。

班级活动是学校教育的重要载体，对学生的教育效果是有目共睹且行之有效的。虽然，在活动的组织过程中有辛苦和忙碌，但是学校和学生在这个过程中有收获和感动。作为一名新时代的辅导员，要牢牢把握当代大学生的成长规律，改变旧时的说教式、灌输式教育，根据其实际接受能力，优化教育服务模式，在充满知识性、思想性和趣味性的活动中制造更多机会和学生打成一片，尊重学生，在活动过程中感染和教育学生，实现教育与实践合而为一。

三、用心指导，用爱奉献

古人云："感人心者，莫先乎情。"教育是心与心的沟通，情与情的呼应。21 世纪的今天，情感教育是教育的世界趋势，也是连接师生关系的纽带。在大学生思想政治教育工作中辅导员要以"情"动人，始终把学生当成自己的亲人或朋友，主动加强与学生的对话，沟通心灵，多从学生视野出发，努力发现其身上的闪光点并加以引导教育，对学生付诸关心、爱护、尊重、信任、期望和赏识的美好情感，积极主动的成为学生的良师益友，使教育真正进入人的心灵宇宙。高职生思维活跃、自制力较差、自卑心理严重，针对这一普遍现状，辅导员要主动了解学生，熟悉学生，把握学生的思想脉搏，走入学生的情感世界，用真挚的情感，对学生推心置腹，给予学生足够的信赖。让学生感到温暖、亲切，引起学生的情感共鸣。在情感的陶冶和感化下，学生才会"亲其师、信其道"。日常生活中也会主动与老师进行情感沟通，请求老师的指引和帮助解决生活中的困惑以及难题，自觉愉快地接受老师的教诲，认真思考，认真实践，形成积极的、丰富的人生态度与情感体验，也才会主动地认识自己、改变自己，发挥自身的潜能，实现自我价值。

新生入学时，我们指导学生参加学生团体，参与社会实践，帮助学生主动结交朋友融入环境；学生身体不适，我们早观察及时送至医院检查，给学生做他们想吃并能吃的东西，让学生感受到学校的温暖；学生学习压力大，我们积极排解，给学生进行学业就业指导，帮助学生高效学习顺利就业；学生有难题，我们主动沟通帮助出谋划策……这是我们辅导员的职责也是我们的职业素养，是人文关怀、情感教育的体现。

四、亦师亦友，共同进步

两年的带班经验，让我认识到在工作中只有不断学习实践，总结经验，升华理论，与学生共同进步，才能更好地为学生提供优质的教育与服务。为学生们服务是辅导员的工作特性，而正是因为这一特性，大部分人认为辅导员的工作简单，易上手，没有太高的专业要求，辅导员的素质也参差不齐。其实不然，辅导员作为教师与学生之间的桥梁，既要与专业课老师及时沟通，了解学生的课程进度、学习程度，更好地为学生们的职业规划给出中肯的意见，又要时刻关心同学们的学习生活，让学生更好地学习成长。我认为，辅导员工作是多样化的，对初入大学的学生来说辅导员起着引导的巨大作用，而对于应届毕业生来说，辅导员参与着他们毕业的规划乃至人生方向的指引。辅导员具备教师和干部双重身份，是大学生思想政治教育工作的骨干力量。它的工作特性要求辅导员具备较高的职业素养；要求辅导员熟练掌握教育心理学、管理学、思想政治教育等多样知识并将其运用在工作中；要求辅导员主动成为学生的知心朋友和人生导师。我们只有与同学们建立亦师亦友的良好关系，提高自身专业素养，在工作中累积经验，时刻进步，才能更好地为学生服务，成为学生们的好榜样。

两年来的工作经验是我人生中一笔珍贵的财富，在工作中同事们的热情帮助，学生们的真心信赖，激励着我不断进步向上，只有真正地将理论运用于实践中，才能促使自己的思想行为与时俱进，切实做好辅导员的工作，为同学们更好地服务。

最后感谢益阳职业技术学院给了我们实现理想的机会，感谢各位领导老师给我提供的不懈的理解和帮助，也感谢我的学生们，是你们让我一起成长。我愿把这点工作体验当作人生新的起跑点，请各位领导老师给我更多的机会，不断地给我提出批评和指正！

匡栩葭，女，中共党员，2015 年 6 月湖南工业大学毕业，研究生学历，硕士学位，任经管系会计 14103 班辅导员。

心语：两年前，我怀着一颗忐忑的心迎接你们，第一次的接触，第一次履行辅导员的责任，第一次对工作的憧憬，第一次对你们的期待……太多的第一次，让我铭记在心。

阳光下的赤诚*

太阳可以让花朵开放，同样，爱也可以使一个一蹶不振的人起死回生，看到生的希望，从而乐观地面对人生，战胜生活中的艰难困苦。人世间不是只有困难和挫折、悲伤和难过，还有一样东西，它具有神奇的魔力：它能使铁石心肠变得柔软；它能让灰暗的人生充满希望；它能给孤独的人带去温暖；它具有重生的力量。它就是——爱。

实践证明，只有讲究科学而有效的方法，不断提升自己并与学生一同进步，才能使学生沐浴在爱的阳光下学习和成长，成为对未来社会有用之人。

一、身先垂范，加强自身修养，提高综合实力

孔子曰："其身正，不令而行；其身不正，虽令不从。"① 作为辅导员，身教的重要性显得尤为重要，我们的思想、信念和态度等方面，在教育教学过程中，对学生产生着潜移默化的重要影响和教育作用。经过总结发现，身教这种教育方式比批评、责骂的效果好很多，能达到无声胜有声的教育境界，特别是在培养学生非智力因素方面具有深远的影响。

在教育学生的过程中，教师日常的言行举止是一把非常重要的标尺，指导学生，同时丈量自己。有一次，汽检15302班一名学生晚自习后偷偷在厕所抽烟被其他老师发现，得知情况后我把学生叫到办公室询问，最开始该生的心里还有一些不服气，他表示知道自己的行为不对，但是觉得发现他的老师平时也

---

* 本文作者：王筱祺

① 杨伯峻：《论语译注》，中华书局1982年版。

经常吃槟榔、抽烟，没有资格教育他。我首先严厉批评他对老师不尊重的行为，教育他任何一个老师对他的教育都是对他负责的行为，作为学生都应该虚心听取教育。同时我以自身平时从不抽烟、喝酒、吃槟榔的案例教育他什么样的行为举止和生活方式才是正确的、健康的，学生心悦诚服。通过这次事件我发现，当我们日常的行为举止更加规范，在教育学生时往往更具说服力，此后我更加严格要求自己的言行，力求为学生树立榜样。

辅导员是学生日常学习生活中接触最密切的人，也是教育学生如何做人过程中最重要的人。我们的言行举止都影响着学生，正所谓“学高为师，身正为范”，做辅导员应有这样的魅力：在政治上，应扬旗帜；在学业上，应是导师；在品行上，应树典范；在情感上，应为朋友。唯有这样，学生才会敬重你，信任你，你对学习工作的积极态度才会激励学生以此为榜样，不断追求上进。

二、爱心激发热情，信任凝练价值

我热爱育人工作，爱自己的学生，对教育工作充满着激情。但是激情离不开目标和理想，对于工作，我努力践行着自己的教育理念——以学生为本。

首先要以情感人，以理服人。“以情感人”是我的工作方式，“以理服人”是我的奋斗目标。在学生学习生活中，荒废青春的时光而不能自知、陷于感情的旋涡而不能自控、沉迷网络的虚幻而不能自拔等现象非常普遍，而解决这些问题没有固定的方法，因此“因材施教”是最好的办法，这也是我对“以学生为本”的理解。

其次要针对实际，解决根本。“针对实际”是要解决学生所面临的具体问题，“解决根本”是探讨问题的本质，让学生具备自我控制和自我激励的能力，能够自我调整，自我发展，这就是教育工作的根本所在。

教师不仅要在教育、教学过程中理解和信任自己的学生。同时，教师也要在此过程中赢得学生和家长的理解与信任。信任是师生间情感交流的一种表现，是教育工作开展的基础，对培养学生自尊及增强对自己行为的责任感起很大的作用，而这种信任和理解正是建立在深入了解学生内心世界的基础之上的。我们对学生的信任不是盲目的，应该深入学生内心，了解学生思想动态、学习情况、家庭状况；善于发现和赏识他们的才能，引导他们去展现和运用；了解每位同学的个性与脾气；要能准确描绘出自己学生的优点缺点，只有摸准学生的思想“脉搏”，从而对症下药，才能提高“疗效”。

多以平等的姿态跟学生交流谈心，成为他们的朋友，帮助他们走出心理误区，缓解学习和生活压力。在谈心中，应尽可能多地以朋友角色出现在学生面前，与学生构建一种新型的良师益友、亦师亦友的师生关系，同学生进行平等交流、达到情感相通言语相容，这时老师的话语最容易被学生接受，自然产生良好的教育效果。我在同学生的谈话中，往往并不设立特定的场合，而是随意地在任何地方都可以进行；也不讲究特定的时间，这样可以让学生感到自然，对老师的话语听得进去。学生对老师没有防线，这时的谈话是和谐的、愉快的、轻松的。

2015 年上学期，计应 15205 班一名同学学习态度非常散漫，突然开始频繁旷课，曾多次顶撞老师家长及学生干部，叛逆心理较强，且拒绝参加期末考试，濒临退学。看到这个情况我非常着急，对该生保持高度关注。在经过多次常规教育收效甚微的情况下，我开始转变思路，通过询问他周围同学，旁敲侧击地了解他的心态，得知他因为家庭离异对父亲存有怨恨，对父亲教育反感，引发的逆反心理直接影响了他的学习生活，且该生自尊心较强，在初中期间成绩比较优异，而来校后成绩直线下滑，揣摩出他心理上可能存在较大的落差从而产生一些自卑的情绪。根据实际情况，此后我经常在查寝、下课时与其他同学聊天的同时自然地与他沟通，无意识地关心了解他的学习生活状况，通过日常生活中的交流表达我对他的理解与期望，并从来不曾放弃他；在他不知情的情况下经常在班上其他同学面前表扬他的优点，比如会弹吉他、唱歌非常好，文娱细胞及表现力很强，特别是英语口语十分流利，是一个很优秀的学生，同时也表达我对于他因一些行为令其光芒黯淡的惋惜。班上同学开始逐渐关注他的特长，班会上欢迎他唱歌，并有同学请他帮忙补习英语。通过这些活动重新建立了他对于自己学业的自信以及逐渐赢得了他对我的信任。他开始主动和我表达自己内心的困惑、家庭的矛盾、学业的困难，我都耐心地为他出谋划策。

经过长期融入生活的教育引导、谈话鼓励，慢慢地扭转这名同学的学习、生活态度；积极与家长沟通，提醒家长注意改变教育方法，调解了学生与家庭的冲突。该生从上学期开始基本无旷课现象，对待老师家长更加信任热情，性格逐渐温和，并且按时参加考试，各科成绩也有了明显的提升。这让我感到非常欣慰，其实培育转变一名后进学生，往往内心的喜悦更甚。

跟学生做朋友，能够倾听他们的喜怒哀乐，感觉到自己被学生需要和信任，是最大的幸福。师生之间应搭起信任的桥梁，经常保持愉快活泼、和谐融洽的气氛，相互尊重、理解信任、团结合作，教育的内容就能在这种氛围下顺利通行。如果师生间的情感疏远，心理距离大，学生就会对老师产生一种敬而远之的回避心理。那么，这个教师就不容易被学生接受，其教育的内容就更难被接受了。

三、赏识点亮希望，鼓励铸就成功

教育就是发现优点、守住优点，让生命开花结果。

从教以来，所教的学生形形色色，五花八门，什么样的都遇到了，发现许多的所谓“后进生”并不是因为其“愚蠢”，主要的原因是没有人指点并分享其成就以达到鼓励的目的，导致其动力不足，自我消沉。

赏识是一种重要的激励手段，它之所以有效，一个重要的心理前提是每个人都希望得到别人的赞赏、鼓励。让学生觉得自己的努力与付出是成功的，有动力继续努力以取得更多的成功，赢得更多的赞赏与尊重。当然一味的赞赏也是不对的，会容易导致学生自满，甚至依赖赞赏，因此，教育有时也是需要批评的。正确的赏识教育需要有技巧的，一个赞赏的目光，一个微笑，都会使学生感到教师对他的鼓励和赞赏。而正确地运用赏识会使学生在以后的成长中更能战胜挫折和困难，使学生成为一个勇于面对困难、面对自己、乐观面对人生的栋梁之才。

在新生军训期间，我发现计应15205班一名女同学在队列中表现十分突出，不管天气多么炎热，旁边的同学是否有了倦容或者行为松懈，她都时刻保持自律，昂首挺胸，严格、标准地执行教官的每一个指令，不曾懈怠。休息的时候我过去找她聊天，大致了解她的基本情况，并表扬了她之前军训期间的优秀表现，建议她可以积极参与班级干部竞选。该生非常惊讶，没想到老师会关注她，略不自信地说此前在班上成绩非常差，能力也不行，从来没有当班干部的经历，恐怕不能胜任。我拍拍她的肩膀鼓励道：“我们每一个人在踏入新的校园时就是一个新的起点，之前的表现都已经变成过去式，并不重要，重要的是从今以后你把自己定位在一个什么位置，朝着什么方向前进，那么未来你就会变成一个什么样的人。现在在老师眼里的你，是在班级军训中表现最优秀的学生，你完全可以好好规划自己，成为更优秀的人。”该生受到了非常大的鼓舞，听取我的意见积极参加了班干部的选举，并在后来的学习生活中积极努力不断进取，从班上学习委员到竞聘成为班长，从学生会的干事竞选成为学习部部长，并且学习上从不怠懈，考试成绩一直保持班上第一名。在一次她作为学习部部长与新生进行学习经验交流时，她郑重地对台下的我表达感激之情，感谢我当初对默默无闻的她给予重视与赏识，才成就今天的自己，她非常幸运遇到一个好老师！情到深处竟然落泪。我微笑着告诉在座的学生，该同学的成功完全是依靠自己严于律己，不断努力，老师只是起到个引导作用。我内心非常震撼，真的不曾想我一句不经意的鼓励会对一个学生的成长起到如此深远的影响，让我意识到自己肩上的责任重大，以及运用赏识教育方法的重要意义。

从教期间我不仅积累了许多宝贵的教育经验，而且在爱的阳光下跟学生共同成长。教师和学生之间要达到心理相容，就必须用爱心和信任去搭起一座牢固的桥梁，以赏识坚固成长。因为，只有爱是最大的权威，是师生之间最有力、最自然的连接点。今后的工作我将会更加兢兢业业，努力让每一位学生成为更有用的人才，成为祖国未来最灿烂的阳光！

王筱祺，女，预备党员，2013 年 6 月武汉科技大学毕业，本科学历，学士学位，任中职部计应 15205 班、汽检 15302 班班主任。

心语：无论你们将来会成为挺拔的乔木，还是低矮的灌木，我都会给予你们同样的雨露和阳光。

班主任工作是一次走进心灵的旅行*

踏入岗位前，也曾认真地想象过这会是一份怎样的工作。我以为是意气风发的，因为自己比学生多了些经验；以为是荣耀的，有传道、授业、解惑的神圣使命；以为是怀念的，因为那曾走过的青葱时光；更以为是忙碌的，因为肩负的责任重大……

在与学生们朝夕相处一个学期后，从最初的应接不暇，焦头烂额，到现在多了些坦然和从容地坚守在岗位上，除了收获历史最轻的体重，也有了自己的点滴体会，现记录下来，与大家共勉。

一、明确岗位职责，提升担任学生良师益友的能力

学生工作具有其固有的特征，不仅要循循善诱地启迪学生的心灵，更要靠班主任以自身素质与魅力来感染和影响学生，起到“学为人师，行为世范”作用。因此，班主任要准确认识岗位职责，以思想工作为主，负责班级日常管理、学风建设、心理辅导、就业指导等，由事务型向学习型转变、由经验型向专家型转变，将自己的角色定位为良师益友。

一方面，要爱学生，热爱学生工作。班主任对学生的爱既是一种教育手段，又是一种巨大的教育力量，是对学生一种高度责任感的体现，同时这也是做好思想政治工作的重要前提。只有以自己的爱赢得学生的爱，搭建起师生之间感情的桥梁，才能使学生愿意接近你，乐意接受你的教育和引导。

所以，班主任要乐于与学生打交道，舍得花时间和精力深入到学生中，倾

---

* 本文作者：谢望舒

听学生的心声，认知学生，熟悉和掌握中职学生的思想和心理特征，同时做好学生思想政治工作和日常管理工作，以高度的责任感及时、全面、准确地了解掌握学生的思想动态，实现思想相互沟通。首先，在沟通的过程中重视信任。中国教育有一句古训“亲其师则信其道”，学生对班主任所作的工作尤其是思想教育方面的工作，是选择性接受的，其接受的程度往往取决于学生对班主任的信任程度。学生在与老师的交往中，只有感到被信任，可以充分地展示自己的生命全貌后，才愿意去回应给老师信任感和对老师的接纳。其次，师生间的真诚沟通需要通过双向互动来培养，学生对班主任的信任度和接纳度越高，对班主任回馈的理解度和尊重度就越高。哪怕是面对违反纪律的学生，谈话中也要尽量避免指责，而是用指正的方式进行交流，正确引导学生认识到不该做什么和怎样做才是正确的。通过循循善诱、以理服人、以情感人，达到“润物细无声”的效果，做到既有情感中的教育，更有教育中的情感，真正成为学生政治思想的引路人、学风建设的有心人、人生设计的指导人、立志成才的激励人、文化活动的热心人、日常生活的贴心人。

另一方面，工作要细心，有爱心，有耐心。班主任要细心地关心他们的生活和学习，细心发现同学们在生活、学习、人际交往中的困难和问题，及时给予正确引导；无论是认真学习的学生还是对尚不能遵守学校纪律的学生，都要用爱心对待，在物质上和精神上切实帮助存在心理问题或生活困难的学生，设法解决学生生活上的实际困难，消除自卑感；还要有足够的耐心，倾听同学们的心声，开导他们的思想，以一种平和的心态耐心地做好学生的思想工作。在我所带的班级有这样一个学生，入学以后就表现得比较积极，询问学校有没有田径队，想要报数学、英语的培训班。通过谈话我了解到在初中时他是田径体育生，文化基础比较差。我听后首先肯定了他的学习积极性，并向任课老师反映他的情况，告诉他学习上的困难可以及时和任课老师沟通，老师都很愿意帮助他。不过学校并没有田径队，训练的事情只能暂时搁置。一段时间后，有同学向我提及他有转学的想法，于是又和这位学生谈话，了解他真实的想法。得知他想要转学的最主要原因是学校没有田径队，无法让他继续坚持自己的爱好。另外，学校的学习环境、班级的学习氛围也不如预期。两方面的失落，让他产生了转学的想法，并且学习积极性也不如以往。针对他的这些想法及平时的表现，我采取了几个方面的行动，一是进行谈话，表明无论他是否转学，老师都尊重他的决定，但在这里的这个学期不能荒废；二是联系学校的体育老师，根据他的特长和兴趣，推荐他加入了学校的足球队；三是鼓励他多参加学校举行的各类活动，安排一些班级事务，给他足够多锻炼的平台以及充分的信任，并积极关注他的成长，及时给予肯定。一个学期下来，足球教练、任课老师对他给予了积极评价，他也收获了运动会两个项目的全校第一和校园歌手大赛的三等奖，所有科目成绩顺利过关。而且他还主动站出来替我分担班级事务，也正是他的成长和进步让我感受到了这份工作的意义。

二、强化学习意识，提升班主任的素质水准

班主任的素质提升关系到自身的形象、威信及工作实效性等问题。高校学生工作尽管繁杂，但还是有一定的规律可循。要注重积累，勤于探索，善于总结，不断提升自我，使自己在工作中更具有权威性和人格魅力，增强思想政治工作的有效性和针对性。工作最初，经常能看到学生给我QQ留言询问一些关于专业上、生活上的问题，那时我往往会回个电话就我所知尽可能地答疑解惑，但在此过程中学生的热情并不如我认为的那样；当学生出现一些纪律方面的问题，我也会尽量争取第一时间进行面对面地交流，花费了大量的时间，然而效果却不尽如人意。直到有学生向我提出他们这个年纪的人倾向于采用文字信息的方式进行交流，这种方式更能让他们畅所欲言。我采纳了他的建议，也的确发现这样不受场地时间的限制使我有了更多和学生谈心的机会，慢慢拉近了和学生的距离。经过这件事，让我重视工作的方法和艺术，应更多的以学生能接受的方式来开展。

面对当前形势和学生特点，青年班主任要加强思想道德、思政领域等方面的学习，掌握党的教育方针、政策、法律法规，具备丰富的理论知识和深厚的理论素养、渊博的学识和一定的专业基础知识，熟悉和掌握社会科学和自然科学，对思想政治教育、管理学、社会学、行为学、伦理学、心理学、计算机传媒技术等一切相关知识都要主动学习、积极借鉴，学会运用网络等现代化手段与方法开展思想政治工作，提高自身的工作能力和水平。只有这样才能视野开阔、思维活跃、高瞻远瞩，把握事业发展变化的规律与前沿动态，增强工作的针对性和实效性。当然还要掌握一些与学生兴趣、爱好相关的各种知识及学生关注的热点知识，力求缩短与学生之间的距离，找到更多的工作结合点，为学生的素质教育和全面发展提供有益的指导、帮助。

三、积极自我调节，保持健康良好心态

根据中职部的工作安排，班主任每天的工作从早上 8 点开始，到晚上 10 点查寝，工作的时间有 10 多个小时，还需要随时处于待命的状态，以应对学生可能发生的各种状况。工作以来，有深夜接到过学生的电话，急性肠胃炎发作需要立即送往医院；也有在假期收到学生的信息，与家里发生了激烈的矛盾冲突来请老师出面，这些情况都需要班主任及时做出处理。此外，中职的学生因年龄还比较小，又正处于叛逆期，他们没有升学的压力，更由于以往的学习经历较多的挫折，存在抵触学习的现象，因此在他们行为习惯的培养、学习积极性的提升方面就需要班主任做出更大的努力。

工作事务的繁杂与个人有限精力之间的矛盾、工作对象的新变化与个人有限能力之间的矛盾、工作中突发事件的有效处理与个人有限经验之间的矛盾、原专业与现职业发展之间的矛盾和对事业的高期望值与实际工作的低成效之间的矛盾，这些矛盾、心理冲突如果长期得不到解决，很容易引发心理问题。这就需要班主任积极地进行自我调节，保持健康良好的心态。

一方面，树立正确的世界观、人生观和价值观。青年班主任普遍缺乏马克思主义理论和思想政治教育专业知识的系统学习。要克服自身的弱点与不足，就要加强马列主义、毛泽东思想、邓平小平理论、“三个代表”重要思想、科学发展观和社会主义荣辱观的学习，用马克思主义的立场、观点与方法指导实践，在政治上、思想上进一步成熟起来，不断提高自己的精神境界，调节自己在工作、学习与生活中的不良心态。

另一方面，努力自我调适，积极调整心理，保护自我。要全面、辩证地看待自身情况和外部评价，提高心理承受力。努力在工作中寻找乐趣，培养兴趣，不断使自己的心理产生正反馈，以消除不良情绪的影响，尤其不能将自己的不快与消极的情绪带给学生。此外，还要努力学习心理健康知识和心理咨询技术，既可帮助学生，又可完善自己，努力培养适合自己的业余爱好，并经常对自己

所做的努力适时地进行自我肯定，以寻找心理上的精神支柱。

德国著名哲学家雅思贝尔斯在他的《什么是教育》一书中写道：“教育的本质意味着：一棵树摇动一棵树，一朵云推动一朵云，一个灵魂唤醒一个灵魂。”从某种意义上说，班主任的教育工作就是一次走进心灵的爱的旅行，而我将以此自勉，期待着继续同心砥砺，与学生共成长！

谢望舒，女，共青团员，2016 年 6 月湖南师范大学毕业，研究生学历，理学硕士学位，任中职部机电 16201 班、模具 16201 班班主任。

心语：师者何以为师？示以美好，授以希望。

班主任艺术与汽修学生们的故事*

艺术，是一种修养，是一种内涵，是一种精神的升华。汽修是一种严谨的艺术，是体现工匠精神的表现形式之一。当艺术与汽修相结合的时候，也许就像雕塑大师那样一直等待着一颗最精美的原石，只要用心雕刻，一定能成为一件完美的艺术品。也许这颗原石外表看起来很一般，甚至有点奇形怪状。雕琢的这个过程是比较烦琐复杂的，难度也很大，但我相信，只要用心就能得到你想要的那个形和状。

我是中职部16级两个汽修班的班主任。两个班共有学生105人，全部为男生。这些男孩子都比较活跃。有时他们很听话，觉得不用操什么心，自己能搞定一切。有时他们很调皮，让我的心一下提到了嗓子眼。当他们很努力、很团结，得到很多荣誉的时候，我为他们感到骄傲和自豪。这就是我们的汽检16201班、汽检16202班。有铁的纪律，像狼一般的团队，团结合作、共同进取。通过下面几个事例，我想谈谈我对中职学生的理解与管理心得。

事例一：七条禁令与五条组织纪律

时间倒回2016年9月1日，我通过考核进入学院中职部担任汽检新生班主任。我从来没有当过班主任也从来没有当过老师。自己刚毕业不久，也比较年轻，而自己所带的学生都是00后，且都是男生比较活跃而又有个性。想想肯定是一个比较棘手的任务。9月1日晚上，新生都完成了报到入学，晚上我跟四名班助沟通，要求把所有同学都带到教室里自习，利用晚自习的时间跟他们立规

---

* 本文作者：杨天剑

矩。所谓无规矩不成方圆，没有纪律无法打造一支优秀的团队。所以我给他们制定了七条禁令和五条组织纪律。

内容如下：禁令七条，严禁吸烟、酗酒；严禁打架斗殴；严禁上网；严禁赌博；严禁游泳；严禁旷课；严禁骑摩托。五条组织纪律：每次集合，必须提前15分钟到达指定地点；领取物品，必须有序排队、不得插队；任何人不得私自无故缺席，有特殊情况和特殊问题，需本人致电班主任经同意后方可请假，原则上一律不得请假；任何情况，任何事情必须举手示意；一切行动听指挥，集合要做到快、稳、齐，不得拖拉、散漫。一开始学生对这些条令条例有些不适应、不习惯，但必须要这么做。这些学生本质都是很好的，就是因为之前没有铁的纪律和良好的习惯来约束鞭策他们，才导致他们慵懒散漫，所以禁令和纪律必须贯彻执行到位。军训的时候，教官严肃纪律，班主任强调纪律；散操的时候，班助又落实一遍。反复地引导、强调，反复地去跟他们讲解纪律的好处。同时也对他们的生活、内心情感给予关心。

通过几天的训练使学生们逐渐养成了习惯，也渐渐地适应了这种节奏。因此军训期间，两个班105人，无一人旷训。会操当天，汽检16202班更是得了军训二等奖。

事例二：最调皮学生与拔河比赛第二名

我是学艺术出身，比较个性。不喜欢墨守成规，比较喜欢新颖有创意的东西。而我大部分学生都比较个性，当然对于调皮的学生管理与引导也要花很多心思。有的老师对于调皮学生感到比较头疼和束手无策，而我则喜欢这些调皮的学生。因为我觉得调皮学生的思想和思维方式都比较超前、独特。就如《亮剑》里面李云龙说的那样，“乖孩子往往没有出息，调皮的孩子也许能干大事”，这句话运用到教育上可能有点过激，但我觉得这样的事例还真有不少。

我班上有名张同学，他体型偏胖，力量很足，可以说是我班上最个性、最调皮的学生。刚进学校不到半月就犯了不少错误，如抽烟、打架、旷课，凡是能跟违反纪律有关的，他都没有“缺席”过。每次都把他叫进办公室谈话，他都不以为然甚至有点厌烦。说实话，一开始我还不是很了解这个学生，也没有从内心真正了解过这个学生，每次他犯错误的时候，只是简单对他批评教育。

有一次，他喝完酒来上晚自习，被学生干部当场扣住，然后学生干部来找我，想让我去看看这个学生，我过去的时候．他脸通红，满身酒气，一看就是喝多了。我问了他是否身体不适，他说没有。而后我把他带到了我的办公室，给他倒了杯热水，然后跟他聊天。在聊天过程中，我发现这个孩子并不是我想象的那样坏，他很讲情义，很孝顺。之前有跟这个学生的家长电话沟通，得知这位学生在单亲家庭长大，他的妈妈在工厂打工，工资不是很高，为了孩子上学，自己起早贪黑既当爹又当妈，辛辛苦苦来养育他。他也很孝顺，放假的时候，自己也做些兼职，赚点零花钱，让自己的妈妈不那么辛苦。

通过沟通，我发现这个孩子除了孝顺讲情义之外，还有些集体荣誉感。我耐心地询问他在学习与生活方面是否有困难，他都说没有。可见这个孩子是如此的坚强。为了保护他的内心世界，我也不再和他聊生活与家庭。我只问了他，下个星期就要拔河比赛是否参加，他重重地点了头，并表示他一定为班级争荣誉。周二，拔河比赛开始了，他所在那个班级通过初赛、复赛一路过关斩将进入了决赛。决赛的对手很强势，是一年级最强劲的对手，并且其中还有些体育生。我找到张同学，问他："你惧怕你的对手吗?"他回答说："杨老师你说过，再强劲的对手我们也要亮剑，更何况我们还没有比，何谈惧怕?"比赛开始了，第一轮我们班一开始力量方面就比较吃亏，眼看他们就要被对手拉过去的时候，我看张同学用手紧紧地抓住那条绳索，犹如千斤磐石般屹立在那。对面的对手也感觉到绳索像是被"石头"一样拴住，一动也不动停留在那一刻。就在对手犹豫的一刹那，我赶紧跟张同学说了一个字，拉！他也马上反应过来，跟同学们配合，一下两下把对手硬生生地拉了过来，赢下了决定胜利的关键一局。第二轮由于对手已无力，轻松地就被我们赢了。最终我们获得了第二名的优秀成绩。

通过这件事情，我们可以看到，这些调皮的孩子，往往给我们意想不到的惊喜。调皮的孩子活跃，他们的思维方式是打开的，对于一些东西的领悟力有时比老实的孩子更强些，情商也更高些。跟他们沟通我觉得首先自己要把架子放下来跟他们做朋友，用心去跟他们沟通，用正确的方式去引导，让他们自己把内心的世界打开，耐心地去倾听。更要善于发现他们身上的亮点和研究他们的特点，把他们放在合适的位置，让他们自然而然地往正确的方向走。

事例三：企业化管理与班干部队伍建设

我喜欢看《亮剑》，喜欢剧中主人公李云龙。他的性格鲜明，桀骜不驯，讲义气重感情。他的管理模式更是别具一格，既有高度集中的纪律，又发扬团队每个人的优点和特点。他的队伍有战斗力，所向披靡。拿破仑说过，一头狮子带领的一群羊，能战胜一头羊带领的一群狮子。而李云龙是一头狮子带领着一群狼，自然是攻无不克、战无不胜了。

我来学校上班之前，是在一家知名设计公司上班。我在公司的职位是商务部助理，主要是开发业务。虽然这个公司规模不是很大，但是各项管理制度非常健全。就商务部来说，是整个公司的核心部门，也是公司人数最多的部门，所以管理制度也非常完善。整个部门有三个大团队，三个团队分为两个普通团队，一个独立商装部。两个团队旗下都设有品牌、包装、网页这样的小团队。每个大团队都设有总监，下面有经理，助理对其负责。商务部直接归总经理管，管理上分得特别细。每一次销售任务都要落实到每个人身上，每个人也都会执行到位。所以我在班级管理上，尤其在班干部队伍建设上，就借鉴了这种管理模式。我把两个班分成两个大的团队，班长就好比两个团队的总监，直接协助班主任管理两个班级，而后我又把他们权力分管和职能细化，例如班长管学习、教室卫生、课堂纪律和晚自习纪律，副班长负责寝室内务卫生、文体活动的筹划工作，团支书负责宣传、生活、心理权益方面工作。也就是说班长、团支书、副班长就是两个班级的“三驾马车”，每个班干部就相当于企业的部门经理。这样无论做什么事情，无论下发任何任务都可以及时有效率地完成。让他们人人有事做、事事有人做，增强为班上同学服务的意识。当然对于班级和班干部的管理，也有完善的奖惩制度。比如每次大型活动都挑选一名或两到三名班干部作为负责人，活动的策划组织与训练都是交给负责人。如果拿了奖，有奖金的话，可以抽出一小部分作为负责人的奖励。这就好比团队总监如果完成销售任务，就可以从团队业绩抽成一样。所以他们每次搞活动都比较积极努力，每次院系部举行大型活动都拿了奖。如获得中职部拔河比赛第二名；“中职部经典诵读”比赛，两个班分别包揽一、二名；获得学院经典诵读第三名；获得中职部篮球赛最佳组织奖。这些荣誉跟班干部的认真负责、同学们的努力是分不开的。

日常管理的话，像课堂纪律、到课率这些也是有严格管理的。如果班干部违反了纪律和做得不好是有惩罚的，例如班干部旷课一次，就扣操行 4 分，另外加 200 个俯卧撑，不是班干部的同学扣 2 分和 100 俯卧撑。对于班规制度，我是要求每个班干部和同学坚决执行不打折扣。每周二下午定期召开班干部会议，给他们培训，让他们学习充电从而更好地为班上同学服务，这样班级管理才能像企业那样更好地运转下去。

通过上面事例，我理解的中职学生是这样的，他们本身的文化水平和政治素养参差不齐，但是他们有一个通病就是比较慵懒，也可以说本身的素养还没有达到相应的程度。而造成他们这样的懒散原因就是之前的学校或家庭对他们的管理教育比较疏忽，或者说没有真正地去了解他们的内心世界。所以中职学生就应该从进入学校开始就有相应规章制度来约束他们，让他们养成良好的生活习惯和学习兴趣。

我个人认为，每个学生都有他们自己的优点和特点，也有他们的不足之处，就如哲学上说的事物矛盾的双方各有其特点一样，关键在于我们能不能用合理正确的方法去看问题，从而去引导他们。我认为一个人有问题不可怕，关键在于一个人能不能去勇敢地面对问题，有没有解决问题的决心。对于中职学生的教育，就我个人而言，教会学生如何去学习的同时，更重要的是教会他们如何做人，怎样为人处世、处理人际关系等问题。因为我们的学生不是普通高中生，而是应用型人才，五年之后直接进入社会就业。但是一个人技术再好，做人做的一塌糊涂，在社会上也是难以立足的。人们常说，要学会做事首先学会做人。做好了人，事情也不会做得差。正所谓，“世事洞明皆学问，人情练达即文章。”

我是一个普通的班主任，但我觉得我的每一个学生都不普通，他们每个人都散发着自己的光彩。要做一个好的老师，不容易，做一个能让每一位学生都喜爱的班主任，更是任重而道远。做好一件事情容易，把一件事情做到完美亦不难，只要用心，没有完不成的任务。教学生也好，做老师也好，始终要坚持三心：信心、爱心、耐心。用艺术家完成一件精美雕塑那样的态度去教育学生，只要心够决，我坚信没有教不好的学生。这样，让学生快乐成长的同时也能促进自我完善。

杨天剑，男，共青团员，2015 年 6 月大学毕业，本科学历，学士学位，任中职部汽检 16201 班、汽检 16202 班班主任。

心语：我觉得我每一位学生都是优秀的，他们散发着自己的光彩。作为他们人生道路中的引路人，要给他们树立正确的人生观、价值观、世界观，让他们成为对社会有用的人才。今天他们以老师和班级荣誉为荣，明天我为他们而感到自豪。我坚信，只要心够决，没有教不好的学生，也没有做不好的事情。

缘分与责任*

作为一个灵魂工程师，我感到无上光荣，但想要成为一个成功的班主任，空有一腔热血是不够的。成功，是需要理由的。我在这短短的半年时间里也感悟到了一个成功的班主任必须要具备以下几个特征：

一是科学的求真精神。我们作为当代千千万万个教师中的一员，科学的求真精神是这个时代对我们最基本的要求，教育影响的是千万个未来的希望，不容半点马虎。科学的求真精神是每一个教师的必然使命。

二是扎实的工作态度。人一辈子能够做的事情也许很多，但一生做好一件事已经实属难得的。对于教师来说，教育才是最好的阵地。我们应该也必须要沉下心来扎实稳重地做好我们的本职工作。也正是因为这个态度，才能够使得我们不断地在实践中积累丰富的教学经验。

三是大胆的创新思维。有一个客观事实，我们必须要承认，就是现在的教育工作已经越来越不好做了，要想在学生管理中做出成绩也似乎越来越难。但是，这并不妨碍有思想的老师脱颖而出。只要你有思想，敢于创新，照样可以寻找到适合自己的教育之路。

四是高效的实践能力。精湛的教育艺术，应该是朴实而生动，真实而具有穿透力。真正有效的教育方法绝对不是花拳绣腿，而是在人格品行、道德情操甚至言行举止等方面，都起到至关重要的作用。

最后也是最重要的就是我们的班主任应该要用爱心去感化她们，用心灵去润泽她们，用智慧去启迪她们，用美德去滋养她们，用真诚去唤醒她们。

---

* 本文作者：胡菁菁

从2016年8月份入职，作为一个刚刚毕业的大学生，初次接触班主任这份工作，我是满怀期待的，想着要与这么多天真可爱的学生朝夕相处，既兴奋又倍感压力，面对这一双双懵懂又陌生的眼睛，我的心里也是充满了温柔和感动。但实实在在工作一段时间后也终于切身体会到了班主任工作的辛苦与烦琐，与孩子们相处久了之后，我也才真正知道，他们除了保持着本身的纯朴之外，还是一群恶习缠身的孩子。由于很多孩子是留守儿童，由爷爷奶奶或者外婆外公带大，其父母都在外打工，缺少父母的关爱，又从小娇惯，没有经历过挫折，内心脆弱。所以，这些孩子虽然来自农村，但是他们并不是秋天田野里的那株红高粱，农村孩子那种吃苦耐劳、勤奋好学、谦让含蓄的精神品质在他们身上逐渐消失了，在他们身上，随时可以发现懒惰、自大、霸道、撒谎、缺乏自控、性格怪癖等问题。

下面我就用几个实际的例子来说说这些让我既感到烦恼又幸福的孩子们吧。

在会计16201班，有一个女孩叫云同学，一开始默默无闻并没有引起注意，只是一头长长的头发在述说着这个年纪该有的少女情怀，与班上同学熟悉之后，也开始慢慢地在班级表现出来，性格活泼，说话直爽，表情可爱，是个本性善良的女孩子。但是，一次普通的查寝却让我完全没有想到这个事情会发生在这个活泼可爱的女孩子身上，正当我在查寝的时候，突然前面的寝室熙熙攘攘，人群涌动，很多女同学都在看热闹，我第一时间赶到现场，发现正是云同学与另一个女同学发生争执。两个人骂骂咧咧，眼看着就要打起架来，幸好我及时赶到，她们才放下撕扯彼此衣物的“爪子”，理了理狼狈的头发，开始恢复文明人的面貌，踉踉跄跄叫声老师好，便不再言语了。我第一时间疏散看热闹的人群，叫上她们两个到一个偏僻角落里，语重心长地与她们谈了谈，通过这次谈话我了解到整个事情的来龙去脉，事件的起因是云同学平时在寝室里大大咧咧，声音又比较粗哑，与人相处心直口快无所顾忌，导致同寝室的另一个女同学对她心生嫌隙。又因为初中便是同学，所以之前的一些矛盾没有及时解决，不断发酵，愈演愈烈，便演变成了现在这个状况，两个人谁也不理谁，一见面就掐。在这个时候我知道应该第一时间安抚她们的情绪，并要及时疏通她们之前的矛盾。在交谈中我发现原来是初中时两人有个共同好朋友在她们中间挑拨离间。解开这个矛盾之后，还具体细致地给她们剖析彼此的一些行为，是这些生活中一点一滴的小事造成彼此之间的误解，最后两个人终于握手言和。之后，我又单独叫上了云同学，详细询问了她一些家庭情况，终于了解到正是母亲早早离世的缘故，所以导致性格有些敏感，又因为独特的嗓音，让她产生了自卑的心理。小小年纪正是放飞青春的时候，却不得不塑造一副带刺的铠甲保护了自己又刺痛了别人。我看她眼睛通红，眼眶之中盈满泪水，不动声色地走上前去，用手指抹去她眼角的眼泪，把她揽入怀中，轻言细语地安慰，缓缓拍了拍她的后背，她哭得更凶，也用力回抱着我。那一刻，我们都缄默不语。哭累了，我便陪她回到宿舍，轻声催促她早点休息。经过这次事件之后，我开始常常找她谈话，纾解她的情绪，了解她在学校的一些生活情况，寝室里的桌子塌了，我便第一时间汇报给学校领导，学校一时之间没有调控好，我便下到寝室及时安排会计班上的其他同学将多余的桌子匀给云同学。慢慢地我们成了无话不谈的好朋友。在寒假期间，她也常常和我在网上聊天，我也不时地通过与她的闲聊给她灌输一些人生道理。她性格也开始改变了，变得越来越成熟了。寒假期间还去做了寒假工，开始想着要不断地历练自己，提高自己的能力。新学期来报名时，看到她越来越纯真的笑容，我也充满了感动。

其实，当班主任最重要的一条就是必须要有爱心，要用真情感染教育学生。爱学生是教育学生的起点和基础。教育是爱的延伸，爱本身就是人类最美的语言，他不论你是否有明确的承诺，都会像春风一样潜入学生的心田。前苏联著名教育家苏霍姆林斯基曾经说过："教育技巧的全部奥秘，就在于如何爱孩子，明智地爱孩子乃是教育素养、思想和感情的顶峰。"教师对学生的爱，胜过千次万次的说教。教师对学生的爱是一种责任。有了这种责任，教师必须严格要求自己，用心去爱每一位学生，使教师成为学生学习与成长的伙伴。平时，我也特别注意关心经济上有困难的同学，如我们班上的华同学，家庭经济条件非常困难，母亲多病，父亲依靠家里几亩薄田养家糊口，并且家中还有几个孩子。当我知道她的情况后，主动与她交流。她之前受过"麦田计划"的资助，但是因为各种原因，无法取得联系，我便主动帮她询问初中班主任，了解到这个资助计划，之后也终于取得联系，受到了资助。使她免除了后顾之忧，能够完成她的学业，并以此鼓励她努力学习，用优秀的成绩，高尚的人格报效社会。有一次上计算机课，因为家庭条件较差，接触电脑的机会很少，所以计算机课程的作业没有按时交纳。老师要求很严格，没有按时交作业就要受惩罚，华同学焦急得回到教室，正好与我碰上，我见她垂头丧气有些沮丧，又见低着头，瞥见眼角有些通红，猜测应该是发生了什么事情。我小心询问了一下情况，原来是计算机作业没交，她担心老师会批评她，也担心计算机这一节课没学好，之后就会越来越难，急得像热锅上的蚂蚁，委屈得哭了起来。我先是安抚了她的情绪，然后，在办公室用电脑一下一下地告诉她怎么操作，还嘱咐她有空闲时间可以到办公室来练习，她当即便收了眼泪，开开心心地与我道谢。当我看着她喜悦的背影，我也喜上眉梢感慨万千。班主任的工作应当要有爱心，更应当要细心，班主任所面对的是几十人的集体，他们分别来自不同的环境，不同的家庭，因而形成了不同的个性差异。在日常生活中，班主任要当有心人，观察他们最近有什么变化，了解他们有什么想法，遇到了什么困难或者不开心的事情，积极的要鼓励，消极的要开导，危险的要排除。在一些偶发事件中，往往有其因果联系，如果班主任的工作细一点，深一点，往往能将其消灭在萌芽状态中，避免事情的恶化。

班主任相对学生而言，是长者、是阳光、是雨露，而学生则是种子、幼苗、小树。他们需要长者的呵护，阳光的照射，雨露的滋润。在学生管理工作中，我主要坚持“和谐立班、质量强班”。和谐是万事万物的最高境界，教育当然也不例外，它包括家校的和谐、师生的和谐、分数和能力的和谐、全面发展、全体发展和可持续发展的和谐，等等。努力营造一个和谐的班集体是我的不懈追求。当我出现在学生面前宣布我是他们的班主任时，缘分与责任就联接了我们的师生关系。既然我坚定而执着地选择了做一名人民教师，就应该从心底里热爱这份工作，我愿把我毕生所学的知识和经验，无私地奉献给学生们，也渴望与学生一起茁壮成长。

胡菁菁，女，2016 年 6 月中南林业科技大学涉外学院毕业，本科学历，任中职部会计班班主任。

心语：担任中职班主任角色的我，很多时候，并不完全是个体的我，面对学生屡教不改的陋习，只能表现出老师的不近人情。但是，我宁愿你们恨我的严厉，也好过以后无助的抱怨。因为我始终相信同情弱者，是天性本善；只有扶弱以强，才是教育的关怀。

我当班主任的体会*

非常感谢学校给我们机会参加了此次辅导员沙龙，让我们各个系的辅导员们相互交流，互相学习，让我们明白怎样更好地与学生交流，怎样更好地处理问题。

作为一名参与者，我认为我们每个人从中都有所收获，学习到了很多学生工作的宝贵经验和方式方法。

一是杨天剑老师讲的军训标准。宿舍内务卫生是我们中职部最头疼的工作之一，由于中职学生年纪还小，在家里面也比较受宠，所以通常比较懒惰，而且自理能力也不强。刚军训的时候还好，学校管得比较严，查得比较勤，卫生打扫得也比较好。但是到了后面，不起床、不叠被子、不倒垃圾、不拖地等各种问题就开始层出不穷，所以杨老师为了更好地培养学生的卫生习惯和行为规范，实行了一个标准，就是军训标准。学生在刚刚开始上课的时候，可能看不出区别，但是时间久了，卫生绝对是全校数一数二的，也正是这样的军训标准，让他们的卫生成绩总是名列前茅。我觉得这一点非常值得学习，我认为一旦实行了一个规章制度与要求，作为班主任就必须严格地督促他们执行下去，不能有丝毫的松懈，如果连老师都有所松怠，还怎么希望学生一直严格要求自己呢？

二是新辅导员们反映的特殊学生问题。特殊学生转化和帮扶是每个新入职辅导员工作的难点，因为缺乏工作经验，往往都是摸着石头过河，边学习边尝试。在大部分新辅导员看来，特殊学生就该特殊对待、特殊照顾、特殊帮助、特殊关心，但今晚听完许多辅导员们的分析，发现有的时候在不经意间我们的

* 本文作者：胡窈

好意反而成了障碍。就拿王筱琪老师提到中职部的那个学生来说，他因为家庭原因从小就很自卑，奶奶对他宠爱有加，但是奶奶的万般宠爱换来的不是感恩与回报，而是得寸进尺的刁难和折磨，他认为奶奶对他非同寻常的好是因为在奶奶眼里他和其他孩子不一样。上了我们职院以后，班主任得知他的家庭情况后对他也是关爱有加，多次找其谈话，试图帮其树立信心，找回家的温暖。然而结果却适得其反，该生不但渐渐疏远了老师，而且还故意违纪以此向老师“示威”。原来在他心里，他最反感的就是别人对他“特殊关照”，他觉得那是“另眼相看”，会使他更加自卑，进而自负。这个案例给我上了深刻一课，既让我看到了平时处理问题中暴露的不足，也让我认识到了自身专业知识的匮乏。在以后的工作中，我们还需要不断地学习、积累和反思，不要用条条框框去带学生，不要用死的方法，而是面对具体的学生、具体的问题，针对他的心理、他的性格去一步步教育他，感染他，这才是我们作为班主任要好好领悟的地方。

面对老师们的经验交流，我的第一个体会是：要做一个好的引导者，首先得用自己的行为赢得学生的尊敬，了解他们的内心活动。带班的风格，带班的方式，带班的特色都是源自于老师自身，有些老师带的班在运动方面很突出，有的老师带出来的班文娱活动很突出，有些老师带的班班上同学学习兴趣浓烈，这都是来自老师自身的模范。老师也是需要不断学习的，让学生耳濡目染，慢慢地渗透，慢慢地领悟，从而让他们形成学习的动力、学习的想法，觉得自己也应该看看书，多学习，多进步。从带他们军训的那天开始，就和他们一起在阳光下接受考验，同时还要记住每个学生的面孔，当你能够脱口而出他们的名字，他们也会感动，至少知道你在很用心地对待他们，期间我和每个学生都聊过天，了解他们一些学习生活习惯，对以后的工作是很有帮助的。所以作为班主任不是在办公室敲敲键盘，做做表格就可以了，更多的要走进教室，走进寝室去和他们交流，融入他们集体中。刚来的时候还不知道为什么天天要下寝室去看他们，以为就是关注他们的安全，但是慢慢地我发现，其实这一规定也是让老师们能够每天有更多的机会去了解学生。

我的第二个体会是：多一些鼓励，少一些数落。不管是中职生时期，还是高职生期间，正是大学生树立人生信心的关键时期。老师在某时不经意间的一句表扬，可能会让他感谢你一辈子；气极之时的一句口不择言，也可能会让他记恨你一生。我一直告诫自己对学生一定要多一些鼓励，少一些数落。在这点上我觉得自己还是做得不够，因为有时候并不是所有的学生能够体谅自己的苦心，这时我也难免会说一些气话，但是这都是为了他们。

虽然学生经常会对一些他们比较感激的老师说，您就像我们的父母一样关心和帮助我们，但是当学生犯错时，你一定要考虑他们的情绪、性格特征和思想状况，找个他们能接受的方式进行批评教育。有些心理素质好或非常调皮的学生，他有什么不对，你可能可以直接给他指出来，他也比较容易接受。而有些本来就胆小、自卑的学生，一旦犯错，你就得特别注意和他沟通的方式，要学会很巧妙地给他指出问题。否则他们很容易会因你某句不慎的言语而使自尊心受到伤害，而一旦受到了伤害，要让他们重新恢复对你的信任会是很费劲的一件事。他们会觉得从此自己在老师心目中的地位更低，这也会使得他们将来更胆小、更自卑，见到你就想躲。所以我觉得即使是批评学生也应找个他能接受的方式，讲究点艺术。因为批评的目的是让他改进，而不是为了刺伤他，如果他不能接受你的批评，那就无法达到效果。

我的第三个体会是：懂得宽容，以同龄人的心态理解学生、尊重学生。有一位学校领导说，要把学生不仅仅当学生看，而是要把他当自己子女看，当不了子女也要把他当作亲人来看。作为一名辅导员，要尊重学生人格，并善于进行“心理移位”，设身处地体察学生的心理处境，关心学生学习的细微变化和点滴进步，及时地加以引导、表扬、鼓励，使学生逐渐对辅导员产生一种亲切感、安全感。作为辅导员，自然大多都会兢兢业业地工作，有时劳力费神却效果不佳，这时候，埋怨、牢骚都无济于事。辅导员与学生毕竟是两代人，更何况辅导员与学生所具有的学识不相同，人生阅历也不一样，各方面修养存在着差异，性格上的差异更是多种多样，诸如此类还有许许多多的不一致，当然会导致思想观点的不一致，看问题角度不一致，解决问题方式也不一致，于是，许多矛盾便产生了。此时，如果多一点理解，经常想想自己在他们那个年龄时，面对辅导员的教诲是怎样一种心态，乐意接受什么样的教育方式，厌恶反感什么样的方式，恐怕就不会埋怨了。辅导员应该用一颗真诚的心去对待学生。没有歧视，没有偏爱，有足够的耐心和宽容心，能够放得下辅导员的“架子”，洗去脸上的“古板”，与他们一起迎接欢笑，一同承受苦恼，这样才能真正把自己放在学生的位置上，成为他们中的一员。谁都知道“理解万岁”这个口号在当今学生中很受欢迎，这表明当今青年学生渴望与成年人沟通，有填平代沟的良好愿望。

如何才能做到理解学生呢？行之有效的办法就是要与学生交朋友，放下架子，改变那种“居高临下”的传统模式，进行心理换位，从学生需要和期望价值来考虑问题，而不能想当然，不能用自己当中学生时的想法来简单地代替当今中学生的想法。否则就会引起学生的反感，而堵塞了大学辅导员进一步了解学生获得学生信任的道路。辅导员只有与学生做知心朋友，用真情去打动学生，学生才愿意向大学辅导员吐露心底秘密，辅导员才能了解学生的内心世界，获得教育学生的最好契机。

一个班那么多学生，那么多事情，辅导员不可能每件事情都了解得完全属实，偶尔也会带上一些自己的主观色彩。倘若事实并非如辅导员了解的那样而轻易就下结论，那么不仅仅是学生受委屈，而且辅导员也将面临着信任危机。民主管理不仅容易赢得学生，使他们乐于与你交流，而且可以培养学生的民主意识。而武断的做法却民心大失，表面看来，你最威风，你永远正确，但在学生心里永远与你隔着一层，为什么不能谁正确就听谁的呢？学生首先是人，也有自己的自尊。“辩护”不仅能让大学辅导员多方面了解事情真相，有助于解决问题，也可以是学生维护自己的权利和自尊的手段。做人，很重要的一点就是要自尊，学生懂得自尊，辅导员应当高兴。当然，也不否认有些学生思想认识并不正确，总是掩盖自己错误，甚至于狡辩。那么，何不让他充分表现？辅导员反而可从其表现认识其错误思想根源，以便对症下药。相反，如果不管青红皂白地训斥学生，甚至将本应有的解释也当作狡辩，那么不仅对学生认识错误、改正错误无益，还会严重地挫伤学生的自尊心，从而产生逆反心理，师生间产生隔阂，信任不再。一分为二地看待学生出现的种种问题，让他有机会把自己的所思所想说出来，再努力寻找解决问题的办法，为了学生今后少走弯路，我们就应多做耐心细致的工作，这是一个大学辅导员最基本的责任心。

随着社会形势的不断变化和发展，学生心理和生理也在发生变化，俗话说“三年一代沟”，所以辅导员要努力跟随时代的变化、学生的成长，以积极主动的态度去完善自我，提升自我，为提高工作效能提供重要保障。同时，要成为一名合格而又优秀的辅导员老师，还要不断地努力，踏踏实实的工作，不拘于以前的方法，适合自己班级的才是最好的，照搬照抄是不可能有进步的。

胡窈，女，中共党员，2013年7月大学毕业，本科学历，学士学位，任中职部会计15202班和汽检15214班班主任。

心语：人生的奋斗目标不要太大，认准了一件事情，投入兴趣与热情坚持去做，你就会成功，年纪大了，人们看重不再是外表，不是你帅不帅，而是看你的内心魅力：你的气魄、气概。

请学会耐心等待*

前段时间在看电视时，有一个关于毛竹生长速度为“4 年 3 厘米、6 周 15 米”的说法。里面说到毛竹在破土以后，遇到适宜的温度，一夜之间能长高数十厘米，6 周突破 15 米。我在感叹毛竹生长神速的同时，惊讶于它 4 年 3 厘米又怎会如此缓慢。原来，它由一颗种子发芽到破土而出，需要 4 年的时间。4 年期间它的根往泥土底下生长，根系能延伸数百平方米，努力地汲取养分、积蓄力量，等待一破冲天。

然而，我也看到网上有些人，对毛竹的前 4 年的生长，持怀疑态度。找很多的理由，来否定成长需要等待的过程，更不愿意相信默默的努力会使人成功。

就像在生活中，质疑的声音会随时出现在我们的周围。在遇到困难之初时，我们可能会怀疑自己的能力，担心不能够解决。“你到底行不行?”“你会不会呀!”诸如此类的话语，可能就是很随意的出自家人、朋友甚至师生的对话中。

一个人的成长也好，一个班级的成长也好，我们在短时间内，没办法看到一个辉煌的成果。作为老师，传授正确的道德观念，教授学业，帮助学生解决疑难问题，是我们的职责。能做到这些，就是一个合格的老师。还能够愿意等待，对学生抱着期许，这就是一个好的老师。

每个学生就像每一棵树，在父母的眼中，都是特别的存在。当把这些树放在森林中时，不同的品种，不同的培育方式，导致这些小树苗有的能够很快地扎根，有的需要时间才能存活。在森林中，有的可能是参天耸立，也可能会被埋没。老师站在森林里，既能够看到那些高高的松树充满着活力，也能看到低

---

* 本文作者：肖凤霞

矮的冬青焕发着生命的精彩。我想这是作为老师独有的欣赏力吧！

相信每一个学生，不管成绩优秀与否，教育的目的，是为了使学生变得优秀或者更加优秀。脚踏实地地做好每一件事，短时间内看不到成绩很正常。我们要教会学生有这样的心理准备和良好心态，要坚信总有一天，你就是“雨后春笋”！

相信是有力量的。心理学上的“皮格马利翁效应”告诉我们，老师应给予学生更多的鼓励与期望，就算暂时有些困难，也要把这种坚守的信念传达给他们，让他们学会等待、学习毛竹的这种默默扎根的精神，让学生对自己增强信心，对自己的人生前途更充满希望。

肖凤霞，女，预备党员，2008年6月吉首大学毕业，本科学历，学士学位。任汽车系QJ15125班、QJ15126班、QD15129班、QZ15130班、QY15131班辅导员。

心语：在这个快节奏的时代，人人都想找寻迅速成功的道路。学习却是一步一个脚印，循序渐进慢慢积累的过程。改变心浮气躁的心态，尊重成长的规律，学会脚踏实地，学会耐心等待，成功一定在不远处等你！

摸索前进*

走过了青涩与彷徨，今年大学毕业的我成为了益阳职院的一名辅导员，能够有机会和大学生一起成长，这是我感到自豪的地方。夏日炎炎，各地新生陆续到校，陪同他们远赴而来的父母奔前走后地办理手续，不顾汗水浸湿了头发和衣裳，眼神里满满都是对孩子的冀望。一时间，我不禁倏然回忆起自己刚上大学时，父亲送我去报到的情景，但来不及追溯过去，如今的我已经转换了角色。我想既然家长把孩子交给了学校，交给了我，我就要肩负起这个责任，尽我所能做好一个让学生满意的辅导员。一开始的浮躁渐渐沉淀下来，短短数月里与学生的朝夕共处让我感触颇多，也幡然醒悟了许多育人的道理。辅导员这样特别的工作经验，必然将成为我人生中的吉光片羽。

思想是行动的先导，学生的思想教育工作是辅导员工作中极其重要的一部分。我把学生的思想教育工作放在了第一位，力求全方位地做好学生思想教育。现在大多数学生都是独生子女，往往比较任性，以自我为中心。而且新生第一次离开家，离开父母，来到一个陌生的新环境独立生活，情绪上不可避免地会产生波动。为了使这项工作更好地落到实处，我非常重视了解学生的内心需要和兴趣爱好。从开学之初新生的接待，到新生的军训，再到新生的入学教育，我频繁走访每一个学生宿舍，主动热情地和学生交流聊天，通过电话、QQ 等方式加强彼此的沟通和了解，努力营造一种宽松愉悦的环境。这些开学工作不但消除了我和学生之间的距离感，也让我掌握了大多数学生的思想动态，为我以后的管理工作打下坚实的基础。考虑到现在的学生因受自身条件、环境、教育

---

* 本文作者：曹逸璇

和主观能动性的影响而存在着较大的个体差异，我采取集体教育和个别教育相结合的方法，由点到面展开工作。也许是和学生年龄差距小的关系，使我更容易和学生进行沟通，彼此之间不存在观念上的迥异。借助这个优势，很快我就融入了学生群体，和他们打成了一片，学生有什么想法都愿意向我直接倾诉，这对我及时调整学生工作的重点有着极大的帮助。

为了建设良好的学风和班风，在选择班委上我也下了很大的功夫。通过军训期间的观察，学生个人的积极申请、竞选演讲、集体投票，最后确定了班委会。毕竟就辅导员一人不可能面面俱到，为确保细枝末节都处理周全，需要辅导员和学生干部一起密切配合。我会经常与学生干部交流，观察学生干部的执行能力，掌握他们所反馈的班级情况，听取他们对我工作开展的一些建议和意见。这样，既方便我了解他们的办事效果，也能够适时弥补和纠正他们工作中的疏漏，加深师生之间的默契度和配合度，帮助他们快速成长，担当起班级学风、班务建设的重任，从而使整个班级工作朝着积极、稳定、和谐、健康的方向发展。

对于新生来说，优良学风的形成不是一蹴而就的事。学风问题必须早抓、严抓，要将培养学生学习能力和学习态度的思想贯穿整个的教育工作之中。新生通常从高中那种紧张的学习状态转换到大学相对自由的学习状态时，在思想上往往会对自己降低要求，这时候辅导员就起到了一个督促、提醒的作用，让他们意识到自主学习的重要性，认清将来的就业形势。我坚持严格执行考勤制度，每堂课由学习委员核实人数，记录旷课的学生名单向我汇报，这在很大程度上提高了学生上课的出勤率。对于极个别松散的学生，处理上坚持严惩不贷，同时也进行说服教育。教育学生的时候我会把控好尺度，态度过分强硬的话只会适得其反，学生在心理上并不会产生认同感。

宿舍是学生在校园的小家，深入寝室是辅导员工作的重要一环。除了检查学生迟到、旷课、夜不归宿等情况，我也密切关注着学生宿舍存在的生活问题，不厌其烦地强调消防安全、财产安全、用电安全等。我的手机长时间是开机状态，不怠慢任何一个学生的疑问或求助，争取能在学生需要我的时候第一时间回复。就算遇到问题，我也必须理性思考，态度不能武断，不能回避，否则也就无法在学生中树立该有的威信。对于一些有特殊情况的学生，在不涉及学生个人隐私的情况下，我会要求其同宿舍同学给予更多的关注，并且时常与其家长保持联络。

此外在贫困助学金的评定中，我一方面听取了班委的推荐意见，另一方面亲自和贫困生交谈，深入学生中调查，目的就是尽可能全面地了解贫困生的生活状况和心理状态，然后在这个了解的基础上进行初评和复评，保证“公平、公开、公正”的原则，争取把学校的每一项政策切实落实到每一位贫困生的身上。有些家境不好的学生还有自卑心理和强烈的自尊感，需要辅导员更多的关心和鼓励。总之，学生都是有思想的年轻个体，传统的管理方式必然行不通，我希望我能用自己的爱心和耐心，让学生感受到温馨和诚意。

“亲其师，信其道”，只有走近学生，融入学生，经常和学生交流谈心，和学生做朋友，学生才会真正信任你，向你敞开心扉，没有丝毫芥蒂，这样我们才能有的放矢，才能正确引导。

针对不同类型的学生，我会采取不同的交流方式，以正面引导为主，个别谈话为辅，促进在班集体中形成良好、奋进、团结的氛围。让学生在集体生活中，发扬相互尊重、相互谅解、团结互助的精神，共同维护集体的整体利益，树立集体荣誉感和归属感。我常常利用晚自习的时间，去各班视察晚自习纪律，或者通过召开一个小小的座谈会，总结大家近期的日常表现，提出表扬、批评以及建议，并鼓励学生畅所欲言。一部分学生可能在当面交流时不愿吐露真实想法，就让他们采取书面的形式表达出来，我再进行整理归纳。偶尔我还给学生讲一些让他们受益匪浅的生活故事，有助于他们树立正确的人生观、价值观，确立自己的人生目标，制订合理的大学规划，燃起积极奋进的动力。

我始终相信，只要你真心真意对学生，学生都是能感触到的，你的真心也会有回音。做辅导员，就要和学生处“心”，把学生的事放在心上，就是把学生放在心上。走进学生的心里。每个学生对我来说都很独特，不论成绩优劣、家境贫富，我对他们倾注的是平等的关爱。他们似乎把我也当作亲切的小姐姐，日常的琐碎，喜怒哀乐的小情绪，青春的舛错迷茫，他们都会主动和我唠嗑。在学生面前，我从来不会刻意端起辅导员的架子，以居高临下的姿态管束他们，这样也就打破了我和学生之间的那堵无形的墙，我也很乐意做他们的污水净化系统，把自己为人处世的经验告诉他们。如今，我们提倡建设和谐校园，和谐校园的建设离不开和谐的同学关系、和谐的师生关系、和谐的班风校风，而辅导员就是建设和谐校园的主力军。

我作为一名高校辅导员，对于辅导员的职责问题一直都在思考。大学阶段是人生的一个关键阶段，各种生活习惯、学习习惯对于以后的工作学习都会产生潜移默化的影响。有人曾说，辅导员就是学生的“保姆”。但是，通过和学生相处的日了，我觉得辅导员不仅仅是一个“保姆”，辅导员应该站在一个更高的角度、更高的层次，引导学生积极生活。从这个角度来说，辅导员更像是一个朋友，在各个方面能够指导学生，是灯塔一般的存在，值得他们信赖。

四季逡巡不息，未来的路还很漫长。初来乍到的我，带着一份忐忑，一份紧张，更多的是一份热忱，投入到这份意义深刻的工作里，去领悟“教学相长”的含义。但这绝不是一条踽踽独行的路途，陪伴学生成长的我，也收获着他们带给我的甜蜜和成就感。辅导员的工作确实艰辛，责任之大让人无法懈怠，在我的工作当中也存在许多不尽如人意的地方。比如事务繁杂导致与学生的交流不够深入，由于经验的不足，工作能力和工作效率也有待进一步提高。但我一直在路上，不断地寻求新的管理方法，不断地创新工作思路。路漫漫其修远兮，我无惧挑战，摸索前进。

曹逸璇，女，共青团员，2016年6月湖南文理学院毕业，本科学历，文学学士学位。任汽车工程系汽检16103班、汽检16104班、汽营16101班、汽制16101班辅导员。

心语：作为一名辅导员，必须懂得关爱、理解、尊重学生，最重要的是心与心的呼应，要严出于爱，爱寓于严，严而不凶，宽而不松，用真诚去对待学生。

微笑面对　理解包容　真心交流*

作为一名刚从大学走出来工作的辅导员，第一次站在工作岗位所面临的是学生学习不认真以及学习效率不高等问题。他们有着美好的梦想，却无所适从；有鸿鹄之志，却缺乏毅力；有着热情澎湃的内心，却时时封闭自己的心灵；有着远大的目标，却缺乏自信的步伐。他们无毅力，不自信，不重视沟通，不了解有效沟通的重要性。这些问题是一个新辅导员需要解决的难题。我的理解和做法是微笑面对，理解包容，真心沟通。

一、微笑面对学生是前提

老师的情绪、情感具有感染性，它就像生活中的一面镜子。老师健康积极情感的投入，能使学生受到潜移默化的影响。微笑的力量是巨大的，每天以微笑的姿态出现在学生面前，就像给了学生阳光雨露，让学生感受到积极乐观的情感；保持微笑面对害羞的同学，让他们走出羞涩的内心，保持微笑面对逃课的同学，让他们正确地面对自己的错误；保持微笑面对路上的情侣，让他们感到羞愧，重新认识早恋的危害。微笑的力量远不止调整心态，恢复健康，它还是人际交往中的润滑剂，相信没有谁可以抗拒一个充满真诚的微笑带来的感动，它是一缕温暖的阳光，即使再阴冷的心也会被照暖；它是一泓甘泉，即使再干枯的心田也会被滋润。所以微笑面对学生是学生工作的前提。

二、理解包容学生是基础

俗话说理解万岁。《学记》所说："知其心，然后能救其失者也。"人与人

---

* 本文作者：杨佳亮

的交往在于理解，理解是沟通的桥梁。理解就是要知道学生的心，对症下药，因材施教。真正做到了解学生的所思所想并不容易，因为学生心灵深处潜藏着一些老师甚至家长都难以理解的秘密。要知其心，老师只有通过仔细的观察、认真的研究，常与他们促膝谈心，勤于进行思想沟通，多对他们的学习、生活和身心全面了解、关心、关爱，做他们的老师、朋友、兄弟、姐妹，才能深入他们内心世界，让心与心拉得更近。作为学生的指引者和领路人，我们应该走进学生的生活，平等地与其进行交流，一起与学生参加体育活动，一同为班级的荣誉奋力拼搏。用真心换真情，在时间的推移中，本着真情温暖学生的宗旨，不断理解、关爱他们，这种真诚最终打动了学生们。我们之间的理解和信任就在彼此支持、关心中不知不觉地建立起来了。他们都愿意把我当成是朋友、兄弟、姐妹来看待，在我尊重学生的同时，也得到了他们的尊重。

三、沟通“走心”是重点

在得到学生的信任的同时，好的沟通方式是巩固班级管理的良药。要时刻用爱心与学生进行多方面的沟通，了解学生普遍存在的困惑，进行有针对性地教育，从而解决问题，保证学生身心健康成长。在我的带领下，同学能敞开心扉，消除隔阂，与我进行沟通，讲出现在面临的困惑。他们的困惑，我会及时给予解答以及处理。我会让每个学生感受到我对学生无私的爱。

作为辅导员，肩负着育人的神圣职责，辅导员工作是“走心”工作，应深入到学生的内心世界，真正成为他们的良师益友。虽然日常管理重要，但健全的人格和综合能力更加重要，我会在平凡的工作岗位中继续用微笑面对学生，用理解包容学生，用爱心与之沟通，教会他们如何珍视生活、感受生活、感恩社会，使他们能无愧于自己的青春岁月。

杨佳亮，女，中共党员，2015 年 6 月湖南农业大学毕业，研究生学历，硕士学位，任生物与信息工程系畜牧 16101 班、畜牧 16102 班、园林 15112 班、园林 15113 班、计应 1509 班辅导员。

心语：自信是前提，踏实是基础，格局是结局，大智是若愚。

与学生一起度过的日子*

阳光明媚，新的学期开始了。学校报到那天，我早早地坐在办公室等待学生的到来。学生来了，脸上都挂着很开心很活泼的笑容，让我仿佛看到了以前的自己。

这个时候，我不禁想起了一个问题，学生这么开心地到学校来是因为马上能接受学校的教育，马上能看到老师，还是因为马上有一群和他们志同道合的玩伴，一起玩游戏而开心呢？真的，这个问题深深地困扰着我。如果学生是因为到学校能接受教育而开心，那我这个班主任上学期的工作开展基本算是成功了；如果是因为待在家里太久了，没意思，缺乏玩伴，那我的工作肯定是失败。我的学生究竟是属于哪一类，我真的不好判断。

开始第一天，我早早地到班级，心里想着开学的第一天，学生会不会不习惯，很多同学都迟到呢？我应该在第一天就像以前那样，把他们臭骂一顿，还是心平气和地和他们讲道理？结果，我一到教室，发现全班同学都在，原来我是杞人忧天了，有点不相信自己班的学生。白天转眼过去了，晚自习来临，相信中职的老师都不太喜欢上晚自习。因为学生没事情可做，或者说不会安排自己的时间，一个晚上都是大眼瞪小眼的。有些活泼的同学就接受不了那种特别宁静的气氛，或多或少在底下搞小动作，引人注意，你批评他，就安静半个小时，过后又重新自娱自乐。

回想起上个学期，学校举行了很多活动，校运会、拔河比赛、经典朗诵比赛、军训，都是一些很有教育性的项目。虽然说比赛重在参与，友谊第一，比赛第二。但作为一个男子汉肯定会有那种非我莫属，我辈应勇夺第一，冠绝三

* 本文作者：卢嘉立

军的拼搏精神。奈何我班在这些项目上都没有取得一个较好的成绩，这一点作为班主任，我是有点愧对他们的。还记得，我班的拔河比赛赢了第一轮，在第二轮的时候因为没发挥好，导致输了，同学们都流下了难过的泪水，眼睛都红了。我知道这个时候不管我心里有多难受都不能在他们面前流露出来，反而要去安慰他们。我和他们说过，一次的失败不代表我们16301班不行，比不上别人，只是别人比我们准备得要充分，我们下次一定能赢回来的。

梦想总是美好的，现实总是骨感的。在接下来的这么多比赛中，我们班屡战屡败，屡败屡战，这是我们上个学期一个比较遗憾的地方。同学们之间互相抱怨，情绪不断地蔓延，班上的气氛有点像暴风雨前的宁静，很压抑。我知道这个时候如果我不做点什么，这个班就要散了，就人心不稳了。有个同学私下找了我，向我道歉。因为篮球比赛的时候他是我们班的主力，却在比赛的时候因为我的批评而生闷气不去参加比赛，导致班上输了重要的一场比赛，他说，他对不起我，对不起同学们，甘愿接受我的惩罚。我听到这些话，心里真的有点不是滋味，我从来没想到他们竟然这么的重视这些团队比赛。

班会课的时候，我郑重地向他们道歉，“比赛的失利，不怪班上任何一位同学，是我这个班主任没做好，对比赛不够重视，没有好好给你们培训。但经过这些事，让我看到了很多你们身上的闪光点，这一年的失利不代表我们就是失败者，只要我们有这一份精神，我相信，别人一样不敢看低我们，说我们是失败的人，我相信，只要我们这样保持下去，明年的冠军一定是我们的。”同学们很开心地呐喊起来，那天，我永远不会忘记，我的心很舒服。

记得有一次一位调皮的男生，在队伍中不停地说话、打闹，还做着可笑动作，大家笑做一团。当我用责备的目光望着他时，他并没停止，我便用严厉的言语制止他的行为，他慢慢抬起头望着我，从他的眼神中我看到了些许的不安。这时我发现他的鞋带散着，我提醒他鞋带松了，赶紧系好，预防绊倒，注意安全。旁边的同学听到了，呼喊那位同学，看，老师对你多好，你还在队伍里捣蛋，好意思不？这个男生羞愧地低下了头。现在他看到我总是面带微笑，和老师同学们的关系也亲切了许多。

我常常这样想，一个常怀“严父慈母”之心的老师对学生的影响应该是巨大的。是啊，播散在学生心田的关爱，学生又怎能忘记呢？心理学家告诉我们，人际交往的融洽、和谐是以真诚为前提的。以人心换人心，以理解为桥梁，人与人之间便能得到思想感情的沟通。

班级的思维是活跃的、积极的、不受拘束的，因此，我在教学中注重扩展学生的思维空间，让学生多去接触多样化的知识熏陶。我与学生共成长，这既是对师生关系的一种改善，同时也是教师自我发展的一种行之有效的途径。社会对学生的关注远远高于对教师的关注，时代在进步，社会在发展，我们教师也要与时俱进，在教学方法上追求创新，在与学生的沟通上要做他们心灵的导师。我们要维护教师的尊严，同时也要与学生做真正的交流，师生共进是如今校园的潮流，也只有这样，我们才能真正体会到为人师表的幸福所在。作为教师，我们同样要不断探究，不仅要探究知识，我们还要探究每一个学生，了解他们的心理，去挖掘他们各个方面的个性潜能，引导学生发挥自己的个性。在提高学生多方面能力的同时，提高自我能力，用知识来武装自己，在教与学的路上与学生共成长！有人说："一位班级管理不成功的班主任，其失败的理由可能会有一百条；而一百位优秀的班主任，其成功的经验肯定有一条，那就是热爱学生——让学生在平等、民主、亲密和谐、富有情趣的班级活动中认识自己、教育自己、展示自己、管理自己、发展自己。"一年来，我用我的热忱，努力促进学生的快乐成长、班级的和谐发展，也从中悟出了道理，那就是以人为本的班级管理。它包括以下几个方面：依靠人、尊重人、凝聚人、发展人。

与学生的"斗智斗勇"已经半年了。在这半年中，我感觉我收获了很多在大学校园学习不到的知识，积累了很多经验，对我的人生有很重要的作用，同时也增进与学生间的关系。我希望接下来的生活中能与学生互相尊重，与学生共成长。

卢嘉立，男，团员，2016年6月湖南城市学院毕业，本科学历，学士学位，任中职部机电16301班辅导员。

心语：一年的辅导员生涯给我的生活带来了很大的变化，不仅在处理事情上，还有为人处世上。现在遇到事情的第一想法是，我如果这样做，会给学生带来什么影响。做事情的时候要考虑其他人的感受，这和我以前的处事方式完全不一样。感谢职院的培养，让我变得更成熟、更好。

做一个“多心”的辅导员*

由于辅导员经常要在单一、枯燥的工作环境中完成琐碎、繁杂的工作任务，总是承受着各种精神压力，导致一些辅导员逐渐失去了原有的青春活力与亲切和蔼的笑容，一上班精神就萎靡不振，育人心不在焉，对学生的管理流于形式，这种精神状态严重影响学生的学习和成长，对班级的管理也有诸多不利。通过对这两年辅导员工作实践、经验的总结，我感悟到要真正管理好学生，使所带班级形成强大的凝聚力和良好的班风，辅导员除了需要做好一些常规的管理工作之外，还需要做一位“多心”之人，有情有爱，用细心去发现学生，用耐心去引导学生，用真情实感去爱护学生。

一是细心发现，耐心引导。大学时期正值人生观、世界观、价值观形成的关键时期，每位学生对自己“三观”的树立有着不同的看法、不同的观点，这就要求辅导员处处留心、时时关注、事事观察，深入班级、深入课堂、深入宿舍、深入生活，详细了解他们的性格爱好、行为习惯，时时掌握他们的思想动态。细心发现每个学生的“闪光点”“阴影面”，及时加以耐心引导，使他们的人生轨迹朝着正确的方向发展，改正他们的不良习惯，打开他们心灵的窗户，帮助他们朝着阳光的人生方向奔跑。在我所带的学生中就有一位藏族学生多种问题凸显，诸如经常无故缺课，沉迷网络游戏，习惯性撒谎，还心怀少许对汉族同胞的误解。对于他出现的问题，我没有民族歧视，没有过多的呵斥，而是耐心地与其交谈，和他做知心朋友，努力找出问题的症结所在，通过多次与其聊天，才发现了他内心真实的想法，原来他认为很多老师都注重培养“守规矩”

---

* 本文作者：蔡文馨

和“成绩好”的学生，由于他认为自己是不守规矩、好斗、成绩不好的“劣等生”，就索性破罐子破摔。我通过仔细观察，发现他的身体素质非常好，热衷于参加各类体育活动，尤其擅长踢足球，且有一定的号召力和组织能力，我多次劝他加入院部组织的足球队，积极地融入到学校这个大家庭里面，使其不再孤雁独飞。一段时间后他主动告诉我他在足球队所取得的成绩，言语中透露着满足与自豪，他重拾了大学生活中的信心，各科学习成绩也不断提高，不再是落伍的孤雁。每个学生都是一个独立的个体，都有独特的“闪光点”，需要我们细心去发现，耐心去引导，等待他们华丽地蜕变。

二是真情关怀，爱心感化。俗话说“人非草木，孰能无情”，“精诚所至，金石为开”。只要我们在处理学生问题时，用真情关怀学生，用爱心感化学生，遇到问题换位思考，站在学生的角度，替学生着想，为学生服务，时时关心学生、爱护学生，尤其是当他们遇到困难、经受挫折时，辅导员应该在第一时间为学生送去温暖，与他们建立起如家人般信赖的良好关系，成为学生的保护伞、贴心人，这样出现的各种学生问题都将会迎刃而解。

三是放手让全，放心托管。真正要管好一个班级，仅仅依靠辅导员一个人的力量是远远不够的，还需要依靠班、团干部来共同建设和管理，“放心”则是班干部发挥作用的前提。辅导员要充分相信学生有能力处理好自己的问题，所以要放手让权，放手锻炼学生干部，打造一支有权、有责、有担当的班、团干部队伍。正如游泳只有在水里实践才能学会，辅导员对班级的管理工作只有放手让学生去做才能做得更细致、更深入。

要成为一名优秀的、受学生爱戴的辅导员任重道远，“路漫漫其修远兮，吾将上下而求索。”

蔡文馨，女，团员，2010年6月大学毕业，研究生学历，硕士学位，任经管系会计15101班、会计15102班、电商15105班辅导员。

心语：台湾著名教育家高震东先生曾经说过：“爱自己的孩子，是人；爱别人的孩子，是神。”所以，当我们选择当一名辅导员时，我们就要把学生爱护好、培养好，做到让学生满意，让家长放心，努力学着做一个“神”。

新的开始　心的开始*

时光如流水般行走，转眼我从事专职辅导员工作已经半年了，在这半年中，我和很多高校辅导员一样，尝过酸甜苦辣，但更多的是充实、快乐和幸福。现在新入职的青涩与懵懂渐渐退去，刚上岗的忐忑与不安慢慢消解，一切都按部就班地进行着。我庆幸自己的工作环境，周围同事关爱有加，上级领导有力，身边学生可爱有余，益阳职业技术学院浓厚的学习氛围和团结友爱、互助合作的工作氛围深深让我感动。半年以来，在领导、同事的悉心指导下，笨拙的、毫无经验的我逐渐上路，对辅导员有了更深的认识，对辅导员工作有了更浓的兴趣。

坦率地讲，我很喜欢学校的氛围，很喜欢和学生在一起的感觉，很喜欢被学生需要、为学生服务的价值感，所以当我被益阳职业技术学院录用的那一刻，激动之情溢于言表。学生的一声“老师”，时刻提醒着自己身份的转换，也让自己有了更多的责任和追求。

身教往往重于言教，注意自己的言行就是提升作为一名教师应有的素养，什么样的老师会带出什么样的学生，所以严格律己是要求。作为教师，学习是一生的追求，要想教好“一杯水”，自己必须要有“一桶水”，始终保持学习的状态，用文化知识来充实自己，跟随时代的步伐，学习新的技术与文化，这样才能让学生信服，才有资格去教育管理学生。学生时代的梦想是永远享受大学校园宁静的庇荫。现在，梦想照进现实，应该用理想的激情，年轻的热忱，踏实的干劲去诠释辅导员老师丰富的内涵，带着新角色的使命，迎接未来的一项

---

* 本文作者：黄锦珊

项挑战，一个个平凡而沉稳的传奇。

无论社会如何变化，“以德为行，以学为上”仍然是高校师生成长的基石，也是一所大学办学理念和教师教书育人始终不变的追求。辅导员的第一要务是思想政治教育工作，要使学生树立起坚定正确的政治信念，树立科学的世界观、人生观和价值观。作为一名专职的辅导员，用“德”“学”去做人做事，去思考内化，这是新时代的要求。

辅导员工作的特殊性在于与人打交道，人都是有感情，有思想的，这就需要辅导员具备高尚的品德，以德育人。还由于我们工作属性的烦琐性和细致性，需要我们具有较强的责任心、爱心和耐心。此外，随着时代的发展，新事物不断涌现，教师只有以学为上，方能更好地了解学生，更快地掌握众多的学生事务。“为了学生的一切”是我工作的理念和出发点，学生是我工作的主要对象，他们的一切将是我服务的核心。五个多月以来，我用心地、认真地去做好每一件事，尽量让自己尽快熟悉业务，尽快熟悉学生，而做好这些的出发点，就是我永远坚守的“为了学生的一切”的工作理念。

为了建设良好的班风我采取了如下措施：

第一，抓好学生的思想教育工作。开学伊始就在班集体中形成了良好的奋进、团结的氛围，努力帮助学生树立正确的世界观、人生观、价值观，寻找制定适合自己的人生目标，重新树立学习的自信心。举行了新老生经验交流会，以自身的经历现身说法，帮助学生正确认识自己的学习水平及能力以更好地树立个人目标。举办了“职业生涯规划”主题班会，帮助学生正确认识现在的人才需求形势。针对本班学生性格偏内向，不善于表现自己的特点，由班委会组织，我协助开展了家乡美 PPT 比赛，进一步增强了与学生之间的感情交流，丰富了大家的课余生活，增强了班级凝聚力。

第二，组织了一支有能力、有号召力、团结向上的班委会，充分发挥学生的力量。培养他们自我学习、自我管理的能力。班委会及各科课代表能与各位任课老师积极配合，抓好日常的考勤和良好的课堂纪律，为同学们创造良好的学习环境，管理好班级的日常工作。

第三，利用多种机会与班里的每位同学进行沟通、谈心，根据各自不同的特点，帮助他树立正确的人生目标和奋斗目标。针对班级中学习拔尖，但家庭贫困的学生，帮助他申请了勤工俭学的岗位，其工作和学习得到了各位老师的认可；对于对专业没有兴趣的，打算换专业的学生，耐心疏导，讲明道理，帮助他认识到认真学习也可以实现自己的目标。

第四，建立了班级量化管理细则，对同学们的行为形成约束。

为了建设良好的学风我采取了如下措施：

第一，严格考勤制度和晚自习制度，辅导员每晚都去教室检查学生晚自习，定期抽查课堂上课情况。对于无故缺课的同学，决不姑息，凡是无故缺课的同学一律写检讨书，起到很好效果。

第二，召开学习经验交流会等主题班会，让学习成绩优越的同学将自己的学习经验与大家分享交流，提高全班学习水平。

第三，考虑到学生大部分来自外省，我尽量关心他们的日常生活，更注意关心贫困学生的衣食住行，尽全力想办法，为他们提供可能的勤工助学岗位，让他们能够踏实学习。

回首过去的几个月我感到满足和快乐。总有些快乐，值得我奋不顾身。在今后的工作中，我将不断提高自身素质，坚持与时俱进，及时认真地总结工作经验，探索规律，讲究工作方法的科学性、计划性、高效性，锐意改革，勇于创新，开拓进取，使自己的工作更上一个新的台阶。

黄锦珊，女，共青团员，2016 年 6 月长沙理工大学毕业，研究生学历，硕士学位，任经管系电商 16101 班、会计 16104 班、会计 16105 班辅导员。

心语：抬头仰望九月的天空，阳光和煦，轻轻地你们来了，带着明媚的笑容。刹那间，眼前所有的风景，都因你们而风情万种。一年，三个班，187 个你们，我愿陪着你们成长，静候一树花开。

努力定有收获　方法决定难易*

对于如何做好一个班主任，肯定仁者见仁，智者见智，方法繁多。因为时代在变，学生的特点也在变化：思想复杂化，性格多样化，外界带来的影响随着网络时代的到来更是五花八门。这就让班主任的工作越来越复杂艰难，同时也有力地说明了班主任工作的重要性和艰巨性。

班主任必须具备一些基本的能力：领导、组织、说服、沟通、分析、应变等等，我个人觉得这些是砌屋的基础——“砖”。如果不具备这些能力，做好班主任工作就只能是一句空话。一个班主任能够在整体规划下，娴熟自如地运用这些“砖”砌出想要的“屋”，那就不仅仅是“工作”了，而是“艺术”。这也是我努力追求的目标。下面谈谈我个人在工作中的一些浅见和经历，以抛砖引玉。

第一，作为班主任必须要有一个整体规划和目标，工作起来就有条理而且轻松，才不会“人云亦云”式的被动工作。至少每个学年（最好是学期）有个具体的目标，并告诉同学们，一起努力去达到。

第二，班主任自身还必须具备一些必要的素质：爱岗敬业、言行如一、良好的师德师风等等。我个人觉得作为班主任“以身作则”“说到做到”是最重要的。没有学生会信任和服从一个只会夸夸其谈、满嘴空话的班主任。比如你要求学生守时守纪，不迟到旷课，你自己就必须先做出表率。每天早上我 7 点 10 分准时到寝室叫他们起床，督促卫生和内务整理，晚自习除开会或者特殊原因每天提早 5 分钟在教室门口等着他们。尽管由于他们的懒散和习惯，还是经

---

* 本文作者：汪招贤

常迟到旷课或者重复犯其他错误，但是我说服教育也好，写检查也好，他们从来没有不服的，安排其他工作更是从来没人讲条件或者推诿。

第三，作为班主任必须了解社会需要什么样的人才，然后结合到实际工作中去。2013 年我在深圳一个公司的人事部工作过，了解一些基本情况：2013 年全国大学本科毕业生为 699 万（不含专科），而全国“用工荒”缺口达几百万，仅广东一个省就缺口 100 万，其中广州缺 15 万，深圳缺 20 万，东莞缺 20 万，等等。（见《中国人力资源服务行业市场前瞻与投资战略规划分析报告》）特别是在实际工作中了解到，那些毕业 3 年内经常被辞退或者跳槽的人中，至少有 30% 的人并不是文凭低或者技能不行，而是不具备一些必要的基本素质和为人处世的方法，比如爱岗、敬业、守时、守纪、敬畏、服从、与领导的正确沟通，等等。“从严从细”狠抓学生日常管理是班主任工作的重点，这是培养合格人才的基础。比如守时就是学生在按时上下课、按时完成规定的工作和任务的过程中逐渐养成的。否则，培养高素质的技能型人才就是缘木求鱼。

第四，我一直坚持“四心”管理理念——爱心、细心、耐心、恒心。作为中职班级的班主任对于“耐心”是深有感触。2015 年上学期助学金身份核实，鉴于上次核实的情况，为了避免出现不必要的失误，我提前一周提醒他们准备好身份证，正式核实前又连续三个晚自习提醒，而且就在核实前一天晚自习反复提醒几次后，我说：“身份证准备好、核实过程、时间都知道的举手！”所有人都举手了。刚刚走出教室一个人站起来，我问：“什么事情？”他说：“老师你刚刚说了些什么？”真的无法形容我当时的感觉。但是转念又想到，这个同学比那些明明不知道却不问的同学还要好些吧！只好把他带到办公室又重新讲一遍。令我万万没想到的是，第二天他还是出错了，没有准时赶到，他的招生老师吴主任亲自打电话把他叫来现场，但结果还是漏签了。由此可见，现在的学生多么懵懂，作为班主任需要多大的耐心。

第五，“赏识教育”不能是一句空话。中职学生虽然成绩相对较差，但是他们也有很多优点。作为班主任一定要善于发现他们的优点并且不断给予表扬，而对于他们的缺点千万不能盯着不放，因为这是在无形中强化他的这个缺点。这是班主任的大忌。

第六，作为班主任必须时时刻刻记得安全第一，出了安全事故，不仅影响自己，甚至影响整个学院。我每周至少用一个晚自习对他们作相关教育（人身安全、财务安全、消防安全、网络防骗），讲一些有趣又容易引起他们共鸣的安全事例、安全预防措施等等。很庆幸，我带班六年来没有出一次安全事故。

第七，作为班主任，特别是中职班的班主任，必须充分利用好晚自习。我经常利用晚自习给他们讲各个方面的内容，包括学习、交友、时事、政策、为人处世、职场规矩等等，既教给了他们知识和做人做事的道理，又充实了他们的学习，融洽了师生的感情，在不知不觉中，久久为功，帮助他们一天天走向成熟。

汪招贤，男，预备党员，益阳职业技术学院毕业，大专学历，建设工程管理专业，任汽车工程系 QW201、QW202 班班主任。

心语：班主任工作繁杂无比，劳心费力。如果把它变成对“艺术”的追求，你就会“甘之如饴”了，相信成功一定会如期而至！

在爱与被爱中成长*

时光匆匆，转眼来益阳职院担任辅导员工作已经一个学期，这可以说是我大学毕业后第一份正式工作，原本就打算从事教育事业，这次算是如愿以偿吧。

我还清晰地记得2016年8月刚走向这个岗位时的欣喜与忐忑，记得第一次被学生叫老师时的不知所措，记得第一次在几百名学生面前发言时加速的心跳……这许许多多的第一次，使我真正由一名学生转变为辅导员老师。辅导员工作是平凡的，之所以平凡是因为他具有太多的常规性和重复操作性，甚至有人戏言是个人就能当辅导员。但辅导员工作也是伟大而神圣的，因为一个辅导员某种程度能够真正改变一个学生的命运。

一、辅导员需要有很强的奉献精神

对于一名专职辅导员来讲，工作可谓千头万绪，学生的学习、生活需要你，学生的思想建设、能力的培养需要你，学生的课余文化活动开展需要你，学校的相关精神和有关部门的要求需要你去传达、实施，同时加以贯彻。辅导员工作很多时候干的是良心活，去过多少次宿舍，帮助过多少名学生，和学生谈过多少次话，做与不做在外人眼里没有多大的区别，但在学生眼里却有不同的感受。辅导员也没有固定的工作时间，不像其他工作部门，下班后单位事情就和自己无关了。可辅导员不行，手机要24小时开机，什么事情发生了你要立即放下自己的事情，特别是一些突发事情，哪怕是半夜凌晨，只要接到电话你都要在第一时间赶到事发地点进行协调、处理。我的好几个同事就遇到过半夜突发

---

* 本文作者：龚倩

情况，大多是学生突发疾病或者在外跟人打架斗殴，学生家长不可能马上赶过来，只能是辅导员来解决。而这些，都需要辅导员具有很强的奉献精神。

辅导员工作，是细微之处见功夫。需要处理的事情繁多而杂乱。学生在大学生活中，辅导员可以说是他们最“亲”的人。他们遇到疑问的时候，第一反应就是找辅导员。因此作为一名辅导员必须面对这些，以一份“爱心”、一份“细心”、一份“耐心”来接受并解答种种疑问。开学迎新那几天，辅导员都要亲自给自己的学生办理登记手续，我都会让学生存我的手机号码、QQ 号码。那几天电话、信息几乎没停过，而学生问的基本上都是同样几个问题，比如，老师，一教在哪里？老师，热水卡怎么开通？学校哪里有被子卖？我的寝室太烂了，可以换一个寝室吗？……而我还是不厌其烦地给他们回答，因为大部分学生都从偏远地区来，来到一个陌生的城市，也不认识几个人，唯一能求助的就是我。有时候觉得重复说明很烦，但我想到学生能在遇到困难第一时间想到辅导员，那是他们对我的信任，我在无形中觉得很有成就感。

二、用自己的行为赢得学生的尊敬

同样一句话，在不同的时候，用不同的语气，从不同人的嘴里说出，会产生截然不同的效果。当学生非常尊重你、崇拜你时，你说的话，他会非常重视；而当学生在心里根本不接纳你、不认同你，甚至看不起你时，你说得再多，再苦口婆心，他也懒得听，只觉得你很烦。有时候我在批评学生的时候，学生不会因此而记恨我，但如果换成其他人，学生可能就不会服气。而这种尊敬的赢得，可能是通过你的耐心、你的正直、你所表现的自信心、你的一句鼓励的话语、一个到位的点评、一个信任的眼神而得到的。从带他们军训的那天开始，就和他们一起在阳光下接受考验，同时还要尽量记住每个学生的面孔，当你能够脱口而出他们的名字时，他们也会感动，至少知道你在很用心地对待他们。军训期间和部分学生都聊过天，了解他们一些学习生活习惯，对以后的辅导员工作是很有帮助的。自己也经常查课查寝，看看他们上课的状态，对于经常旷课迟到的学生要批评教育，没来上课找不到人的还会去寝室找他们，了解他们不能自制的原因。

三、让学生能感觉到你的关心无处不在

虽然我们不能时刻出现在同学们身边，但你应让他们感觉到你的关心是无处不在的。你不是他们的保姆，但你可以做他们的守护者，让他们感觉你可以保护他们，无论如何都会及时地出现，做他们坚强的后盾，给予他们力量。有时，你看上去只是在关心某一个学生，但在其他学生看来，你给同学们都传递了一种信心。当学生出了事情，我都是第一时间赶到现场，及时处理。记得在军训期间，第五天下午所有训练的难度跟强度加大，那天太阳很大，还没开始几分钟就有几个学生不同程度的受伤，有一个手肘跟膝盖擦破了皮，有一个手掌在水泥地上挫伤了。虽然他是个男生，但当时肯定疼得不行，眼泪也流下来了，现场只有一位医生，没时间顾及这么多受伤的学生，我就帮一个学生清理伤口。可操场另一边又有教官在喊，辅导员呢？他的辅导员是谁？我转过去一看，又有一个我的学生受伤了，我穿着高跟鞋在操场狂奔，把他带到医生面前，医生说这里医疗设备太少，要送去镇上卫生室。当时看到学生痛苦的样子，自己真的快要哭了，还要安慰学生。军训还发生过很多类似的事，学生中暑晕倒、心脏骤停、肠胃炎等等事件，我也是第一次经历这么多事情，在后来的紧急事件中，自己慢慢学会镇定处理了。

四、永远对自己的学生抱有期望

每个人都是希望得到别人的赞扬，学生也是一样。辅导员为什么总是要带着挑剔，而不是赏识的眼光去看他们呢？要知道，学生是渴望被赏识、被表扬的。很难想象一个成天被挑剔的人，会有自信，会不垂头丧气。鼓励学生的每一个优点和长处，让学生充满自信。当然，对好的学生给予赏识也许不难，而对那些所谓的“差生”更要多给一些关爱、赏识，因为他们更需要鼓励，更需要信心。我们应当时时提醒自己，不要嘲讽讥笑学生，尊重学生的任何一点成果，这也是对他的一种无形的鞭策，我们在工作中应及时地发现学生的闪光点予以赏识、鼓励，使他充满自信。对于学习较差的同学，也不要歧视他们，而是鼓励他们尽量多学一点知识，同时尽可能发现他们身上的长处，充分发挥他们的特长，只要他们有一点进步，就及时地给予表扬，使他们不至于觉得自己

一无是处。当学生犯了不是很严重的错误时，我会把他叫到办公室，不会马上批评他，用老师的姿态语气居高临下地指责他，而是让他坐在我办公桌旁，跟他聊一些家常，最后再来提出他的错误。我从来不会用侮辱性的言语辱骂学生，更不会在公共场合故意刺激学生。对于所谓“不听话”的学生，除了学习之外，我会去找出他的闪光点，毕竟学习好不好并不是衡量一个学生好坏的标准。

辅导员的工作就像带孩子，有时虽然感觉很累、很烦、很辛苦，也会有很多的抱怨，但体验更多的还是幸福、快乐、自豪。每当收到学生节日里祝福的短信，读着那一句句祝福，我都能体验到难以言说的快乐。

龚倩，女，共青团员，2015 年 6 月湖南科技大学毕业，本科学历，任生信系 16 级园林班、16 级软件班辅导员。

心语：辅导员的工作需要有爱心、耐心、细心、热心、责任心，还需要有干一行、爱一行、钻一行的精神。我相信只要以真诚的心去对待学生，一定能收获更多的爱！

用心传播思想　用爱浇灌希望*

自2006年进入学院工作至今，我一直在学生管理一线工作。十年来，共带过了27个班级，辅导了1058名学生。十年来，我与学生相处是快乐的；十年来，对学生思想引导和人生解惑的乐趣远远要大于专业知识的传授。辅导员是辅助、引导学生成长成才，助学生圆梦的职业，肩负国家对大学生思想政治教育工作的责任。通过这些年的工作，我深刻地领会到，要想做好辅导员岗位工作，除了坚持岗位职业道德和职业准则外，更多的是要锤炼本性、提升魅力，在工作中，用自己的言传身教影响学生。

一、传播思想三用心

（一）用心开好主题班会

班会，是大学生思想政治教育的公共阵地之一。班会的成功与否，是大学生思政教育成败的因素之一，而辅导员发挥的作用是班会成功与否的关键。把每次的班会要当作一堂真正意义上的课，虽然时间不长，仅仅30分钟，但是需要花几个甚至上十几个30分钟从形式到内容、从起因到结果、从细微到全面去准备。组织班会不能死板，更多的是让同学们内化于心，外化于行。有一次，为了开好“道德与职业岗位”的主题班会，除了查找相关的文献资料外，我还特意走访了几家企业的负责人，请来了成功毕业生现身说法，通过与班上学生交流互动，将原本枯燥的主题班会变得生动而有灵气，使学生的心灵受到洗礼，精神得到升华，班会开得很成功。

---

* 本文作者：胡长生

（二）用心抓好宿舍管理

寝室是大学生们思想交流碰撞激烈的场所，是最真实的生活状态的展示窗口。在那里学生敢说敢做，非常放松。正是看中这点，所以把思想政治工作做到了寝室，让学生在轻松环境下受到了教育熏陶。做学生工作的，就是要利用学生放松戒备的时候，听听他们的呼声，感受他们的内心真实想法，这样才能在学生工作中有的放矢开展工作。

刚开始走进寝室，学生除了打招呼就是不知所措地站在那里，胆子大一点的就跑过来问候一下。学生这样怀着敬畏甚至惧怕的心情来对待老师的到访，虽属正常但不利于工作的开展，唯有走进学生的内心世界，拉近与学生的心理距离，才能真正去了解学生的内心世界。于是我每晚都到寝室来，偶尔带点水果、零食，拉点家长里短，一回生，二回熟，三回就成朋友了，以前的戒备之心没了，无所不谈了，甚至有同学失恋了也第一个告诉我。在寝室里融入到学生中，促使寝室成为了解学生思想动态，抓学生主要矛盾，解决学生生活困难，开展思想政治教育的重要阵地。

（三）用心创新教育模式

随着“互联网＋”时代的到来，大学生的言行都带有非常明显的时代特点。为了更多更好地去了解学生，把现代的通信工具与通信形式有效的用到思想政治工作中，创新了思政工作新形式。目前为止，共创建了29个班级QQ群与多个班级微信群。在群里发表正确的言论、个人感悟引导学生，规范网络用语，针对性格偏激的学生个别教育，帮忙联系工作，等等。有一次，我在线上发现一个女同学留言“我很烦”，起初没有怎么留意，接着猛地警醒，这个女生平时不怎么说话，但在网络上就是个“话痨”，这次留言不回，电话不接，怎么了？凭着多年的辅导员工作经验，我敏感地意识到有问题！立马找到该女生的闺蜜，了解到该女生被初恋男友甩了，已经两天不说话了，就盯着一把水果刀发傻……听到这里，我立即找该女生做工作，开导她说，失恋是人生的一次重大经历，是一笔财富，经过了今天的泪花，才能有明天的笑脸，有同学、老师、亲朋伴着你，生活是幸福的……经过两个小时的促膝长谈，女生当场表态，忘掉过去，重新开始，好好学习。

二、浇灌希望四点爱

（一）重视学生实践能力引导，带动学生爱专业

高职院校学生的专业技能、动手能力是重点。在引导学生成才的路上，引导学生学专业爱专业的职业情怀对辅导员来讲是极其重要的。2013 年，园林技术专业新增一个实训基地，我带领园林 12108 班、园林 13108 班、14 级园林等班级的几十名男生为主力队伍，进行了土地细化平整、测量、区划调整、生产用温室大棚骨架构造等工作。与学生一起挥锄头、拿钳子、搬钢管、拧螺丝、吃快餐，我们的实干精神打动了学生、凝聚了学生。由于许多项工作都涉及到体力活，开始有些学生不愿意参加，他们认为自己是来读书的，不是来卖苦力的。后来，这部分同学看到老师与学生一起挥泪洒汗的场景，被感染了，不好意思地跑过来帮这个、做那个，干了个热火朝天。

2015 年暑假，我带领 10 名园林技术专业学生前往广州从化进行暑期顶岗实习两个月，吃、住、做同在一起。白天做事，晚上与学生谈心，解决学生岗位不适应的问题。这 10 名同学在 2016 年 7 月毕业以后就直接在原实习单位就业了，并且直接跳过了实习期，还为班级其他同学找到了专业对口的工作，实现了他们的专业预期。

（二）重视学生创业实践培养，鼓励学生爱创业

全民创业是近年来国家倡导与扶持的。对于职业院校学生来讲，这无疑是个好消息。通过宣讲国家创扶政策等途径来让学生第一时间掌握这些信息，并要通过对学生创业意识的了解，针对有创业兴趣的学生重点鼓励。12108 班的张真华、陈功、李宽宏等三位同学在老师的牵线与鼓励下，毕业后在学院创办了以生产多肉植物为主的“友肉园”；畜牧兽医专业的彭召林同学，毕业后回到湘西州老家养殖波尔山羊并建立合作社，带动当地几个村的农户一起搞起养殖业，年收入上百万；与其同班的娄底学生曾江龙，回家办起了畜牧兽医技术服务中心，提供优质养殖服务，并且承包土地养起藏香猪，年收入 50 多万。

（三）重视困难学生资助工作，引导大爱互相帮

贫困学生资助是大学辅导员承担的重要的工作之一，对于落实国家政策、宣扬公平正义、弘扬传统美德起到重要作用。每年在学院对学生的评先评优、

评奖评助、特困生资助等工作中，讲究民主、严格把关、落实标准，确保公平公正是要把握的原则。可以通过这些激励措施促进班级凝聚力建设，让学生在互相了解、互相包容、互相礼让的过程中发现大爱、弘扬大爱。在2011年底，10104班男学生杨帆，在一个周六下午突然身体不适，呼吸急促，面色黑红，卧床不起，同学不知所措。我闻讯后立即打车赶到学校，查看情况，一边向上级汇报一边和同学一起把其送往校医院，医生初步诊断后告知赶紧送往市区大医院。我赶紧打车前往益阳中心医院，途中，握着杨帆的手，不断安慰鼓励他，不禁留下了担心的眼泪。当晚，我就留在了病房陪同杨帆，和其说话，进行指标检查，并告知家人，通宵未睡，直到等到其家人到来，接着又帮忙安排一些杂事，并专门安排两位本地学生一起陪同。由于杨帆家处湘西龙山，条件不好，对于接下来的巨额就医费用，杨帆的父母露出了痛苦的表情，我看在眼里，考量在心里。边安慰边向系部、学生处、团委等汇报情况，建议进行紧急募捐。学院迅速反应，并发动益阳几所高校团委协同捐款，最后汇总捐款额度将近5万元，解了这个家庭的燃眉之急。

（四）重视少数民族学生感情，树立典型爱家庭

学院西藏、新疆、贵州等地的少数民族学生较多，仅藏族学生就有400多名。2015年下半年，我管理的一个15级班级中有一个班48名同学全部都是藏族学生。在接下来的时间里，自己边学习藏文化边与藏族同学沟通，针对藏族同学普通话水平不高、文化功底较差等特点给予“特别”照顾，耐心地教导学生进行班级管理，参加社团活动，进行特色寝室建设等。2016年，益阳市委关工委在“益阳市五爱青年”评选中，我推荐班上的一个藏族小伙参评，结果他的事迹感动了市里领导，被评选上。通过这些“特别”的工作，树立“五爱”典型，积极促进学院其他少数民族学生融入大家庭，体现教育的公平性。

学生管理是一项付出与收获、痛苦并快乐的工作，更是一项关系培养产品质量关键性工作。教育和引导、关爱和守护，从学生入学到毕业，甚至工作之后，从未间断。付出心血和感情，收获感激和祝福。

胡长生，男，中共党员，2002年7月湖南农业大学毕业，本科学历，学士

学位，任生物与信息工程系辅导员。

心语：学生是老师、学校、社会的宝贵财富，从入学到毕业、从毕业到生存，都与老师、学校有着千丝万缕的联系，互相烙印与辉映。辅导员工作体验如白岩松说的那样，痛并快乐着，伴随学生成长的同时，自己也在长大。永远年轻的心，是任何其他事务都不可取代的。

用心与心去交流*

“志高方能为师，身正方能为范”，这就是我与学生共成长的座右铭。也有人说：“一位班级管理不成功的辅导员（班主任），其失败的理由可能会有一百条；而一百位优秀的辅导员（班主任），其成功的经验肯定有一条，那就是热爱学生——让学生在平等、民主、亲密和谐、富有情趣的班级活动中认识自己、教育自己、展示自己、管理自己、发展自己。”一年来，我用我的热忱，努力促进学生的快乐成长、班级的和谐发展，也从中悟出了道理，那就是以人为本的班级管理。它包括以下几个方面：依靠人、尊重人、凝聚人、发展人，以“细心、耐心、爱心”的管理理念去管理班级。

一、依靠人是指教师与学生的情感沟通

人与人之间最重要的是情感交流，辅导员（班主任）与学生的情感沟通是做好班级一切工作的基础。作为一名教育者，我们从事的是以心育心、以德育德、以人格育人格的精神劳动。所以，教师与学生的情感沟通绝不是简单的三言两语，浮于表面的交流。教师只有真正地走入学生的心灵深处，才能建立起和谐的师生关系，达到情感沟通的效果。

二、尊重人是指强化“心中有他人”观念

“尊重”被认为是人的一种基本需求，人的这种渴望尊重的需求是否得到满足，将直接影响一个人的发展。作为班主任，在尊重学生的个性和人格时，也

* 本文作者：吴沁颖

要注重教育学生尊重他人的个性，形成对人对己的正确评价。尊重的形式是多种多样的，首先应该是自我尊重。在开学伊始的时候，在一些同学的推荐下，我们有了自己的班训：自尊、自律、诚实、勤奋。并为全班同学立下了本学期的目标——自尊、自律。其次是尊重他人。在我多年的教育主线上，感化学生的第一个目标是父母。所以我提倡学生尊重他们身边的第一个他人——父母。让他们明白，他们不仅是社会人，更是家庭里的重要组成部分。父母因他们而有了希望，父母为他们而心甘情愿，父母养他们而辛苦劳作。提倡学生用他们勤勉的学习、不再任性的行为和付出后的一分收获去回报他们生命中的第一个他人。再有采纳学生的意见和建议是尊重学生、走近学生的重要途径。每学期末，学生要为班级干部及班主任提意见和建议。上个学期末，有这样一个学生写道：您有一些偏袒好学生并且有一些渐渐疏远学习差的学生；您给我们读的信中您所说的没有完全实施；您现在虽然管住了全班同学，可他们并不是真心服您，而是被吓的；您总是爱揭人的伤疤，把以前的事常常挂在嘴边。这些只是他给我提出的一小部分的意见。看了这些，我的心真的不是滋味。我一个学期的努力，就这样葬送在这张纸上。我把这张纸揣在兜里足足有一周的时间。最后，我想明白这张纸有的不仅仅是对我的偏见，还有一个孩子的坦诚和自己意识不到的错误。所以，我揣着这张纸，一直等到假期他离校的那一天。我再次拿出这张纸，和他逐个分析我的不足和他的偏见，一个半小时的蹙膝长谈，终于化解了我们的误会，也给我在班级工作中出现的失误敲响了警钟。

三、凝聚人是指做好教室的“软建设”，构建良好班风

教室是学生活动的主要场所，教室环境的好差对学生的学习与生活有着较大的影响。作为教师应把教室建成能让学生自由发挥能力的软环境，满足学生多方面的需求，以增进班级团结，进一步增强班级凝聚力、亲和力和战斗力。同时，也有助于增进同学之间的交流，培养大家的团队合作，加强团队建设，丰富大家的课余生活。每月组织一次班级活动。9 月组织“德克特项目班开班典礼”活动，10 月组织“德克特项目班首届 PPT 大赛”活动，11 月组织“德克特项目班青春友谊会”活动，12 月组织“德克特项目班户外自助烧烤游”活动，网营 16101 德克特项目班期末组织“圣诞晚会”活动。网营 16101 德克特项目班参加益阳职业技术学院2016年技能大赛分别取得校园之星（生物信息工程系技能大赛项目）、一等奖（生物信息工程系技能大赛项目）、二等奖（经济管理系技能大赛项目）、三等奖（经济管理系技能大赛项目）。这些都增进了同学们学习的主动性和积极性，加速了班级的成长。这使我再一次感触，学校教育，德育为首。只有激发学生的潜能和希望，才能真正促进学生的健康成长和班级的良性循环。

四、发展人是指学生的自主管理——公司化管理

学生是学校管理的客体，也是管理的主体。因为“真正的教育是自我教育”。作为教师对学生的教育，应该体现由管到导、再到唤起学生的主体意识。即学生能自己认识自己，自己教育自己，自觉改进自己，不断提高的过程。让学生成为班级的主人。

（一）公司化管理。网络营销16101德克特项目班成立德益科技有限公司，并严格按照公司规章制度管理，德益科技有限公司2016年12月22日正式启动运行。

（二）每周于星期日晚自习7点30定时召开德益科技有限公司总经办会议。会议主持：董事长；参会人员：德益科技有限公司骨干层（总经理、副总经理、技术总监、思维总监、健康总监、纪检总监、宣传总监、品牌总监）。总经办会议要求德益科技有限公司骨干层对上周工作进行汇报和对下周工作进行安排，并针对发现的问题提出有效的解决措施。

（三）每周于星期日晚自习8点定时召开德益科技有限公司项目总监会议。会议主持：董事长和副董事（学术老师）；参会人员：德益科技有限公司核心层（项目总监5名）。项目总监会议针对项目总监对各项目小组上周的学习情况进行汇报和评价，提出问题学员并制订小组辅导计划，副董事则根据各项目总监提出的问题制定有效的解决措施。

（四）德益科技有限公司千分制。每月更新千分制并张贴上墙，千分制即学员的综合素质分，主要项目包含出勤、月考成绩、每月进步奖、优秀班委和团队活动等。

（五）德益科技有限公司文化墙。文化墙内容包含员工活动照片，员工千分

制，每月优秀项目总监，公司规章制度和公司组织架构等。

（六）每月月底组织学生参加益阳职业技术学院经济管理系网营 16101 德克特项目班月考。按照月考成绩选出下一个月的项目总监（共 5 名），每个项目总监带 4 名同学，每月月考结束以后，按照当月每组的平均成绩、课堂表现、团队协作力选出当月优秀项目总监，并将本组照片张贴上墙。本学期共评选 4 名优秀项目总监，分别是：9 月优秀项目总监王合杰；10 月优秀项目总监王合杰；11 月优秀项目总监陈广益；12 月优秀项目总监陈广益。

（七）针对员工学习情况制订复习计划。根据项目总监会议，按照员工学习情况制度复习计划，开设小班辅导，小班辅导时间为：周六和周日上午 9 点 ~12 点，下午 2 点 ~6 点；周一至周五员工没有课程任务的时间。2016 年下半学年共开展小班辅导合计 92 课时，平均每周 5 课时。

（八）针对网络营销 16101 德克特项目班考勤分制订有效解决方案。提高学员在宿管和义务劳动上的分值，并生成网络营销 16101 德克特项目班经济管理系考勤分机制，让每一名学生严格规范自己。

（九）针对德益科技有限公司个别学生成绩较差的情况，加强巡班听课。发现问题学员第一时间与专业老师沟通并及时开设小班辅导；与专业老师建议可以适当调节课堂气氛（上学期已实施，效果较好），如开展课堂游戏，课堂音乐等活动。

吴沁颖，女，共青团员，2016 年 6 月西华大学毕业，本科学历，任经济管理系网络营销 16101 班辅导员。

心语：学生们在公司化管理中，锻炼了独立自主的能力、语言组织能力、团队合作能力，增强了自我约束能力、自我管理能力。在这个繁重而又烦琐的职业里，让我深刻地领会到英国教育家斯宾塞在《教育论》中指出的：记住你的教育目的应该是培养成一个能够自治的人，而不是一个要别人来管的人。人生是一次没有回程票的旅程，许多机会错过了就永远不会再有。时代在发展，现代社会需要的是全面发展、具有综合素质的多样化人才。辅导员（班主任）应该是学生全面成长的导师。作为一名辅导员（班主任），我们应该努力成为学生知识上的启导者、思想上的引路人、人生道路上的导航者。

坚持之路*

一、我如何成为一名辅导员

很多辅导员同事工作忙得不可开交的时候，学生们总是给自己惹出各种麻烦的时候，整天加班加点没有时间陪家人的时候，我们或许都曾无奈地反问自己：为什么要成为一名辅导员？

有的人做辅导员是一见钟情，有的人是日久生情。我却是阴差阳错地成了辅导员，谈不上是一见钟情，但却随着工作年限的增加，我愈发感受到了这份工作的快乐，算得上是日久生情。马云说得好，努力工作不如快乐工作。如果这份工作无法让你快乐，那你为什么还要干，这份工作原本就不适合你，找到快乐的工作，找到工作的快乐，挺难的，也挺重要的。到现在为止，我依然很庆幸，我在做让我快乐的事。

二、我是一名辅导员

时间犹如白驹过隙一般飞逝而过，看似云淡风轻、淡墨无痕，却在我的心里留下了暖暖的回忆和感悟，在我的人生道路上刻上了挥之不去的烙印。辅导员的工作于我，是职业，更是志业。

诚然，辅导员的工作是平凡的。于许多人而言，这是一份不需要太多技巧的职业。但于我而言，辅导员的工作是神圣的，因为我的所作所为，可能会影响和改变一个学生的命运。至今仍然清晰地记得自己第一次走上辅导员岗位的

---

* 本文作者：林梦

欣喜和忐忑，第一次被学生称呼老师的兴奋和不知所措，第一次送走毕业生实习的满怀伤感……许许多多的第一次，就这样消失在平淡而琐碎的时光里，也在我的内心里沉淀出了快乐和满足，帮助我完成了由学生到辅导员的身份的转变。

三、学生需要什么样的辅导员

从2014级、2015级到2016级，带了三届学生，这个过程中，我思考得最多的一个问题就是：学生需要什么样的辅导员？

每一个个体都是有思想的，每一个个体都是独立的。如果说我们的工作只是为了让学生记住我们、感激我们，那出发点就是错的，因为你只是站在了自己的角度，只是为了让自己体会到被人需要、被人尊重的感觉。你以为你心里装的是学生，其实你只想到你自己。

我刚开始成为西藏学生的辅导员时，我以为对待他们跟对待其他的学生一样就是他们需要的辅导员。慢慢地，我发现，西藏的环境、气候、风土人情都跟我们这里不一样，很多东西他们都还不能适应。所以，我需要更多的去关注他们，针对他们不同的需要去给予他们帮助和关怀，让他们身在异乡也能感受到家的温暖。原来，不同的学生有不同的需要。

辅导员们都希望自己的学生能站到各种领奖台上，觉得很为学生开心，即便为学生熬夜改汇报稿、评优材料也无怨无悔，这是为人师者的奉献精神。而对于学生的成长来说，认识自己比收获荣誉更为重要。我特别享受坐在教室听课、在操场旁看学生打球踢球、在观众席看学生唱歌跳舞、在评委席听学生表达自己观点的感觉，陪伴的感觉很好，这个时候的学生可能比领奖台上的他更知道自己要的是什么。激发学生内心认识自我、发展自我的欲望，让学生感受到素质能力上的“缺失感”，是辅导员职责所在。而当学生步入了正常轨道，我们要敢于放手，学会陪伴，不要干涉。当学生需要我们的时候，我们出现；当学生不需要我们的时候，我们不妨默默“消失”。

“消失”的我们可以沉下来想想未来，自己的和学生的。这个“消失”就是占据我们20%工作时间的学习与思考。埋头拉车的同时需要抬头看路，没有一桶水，就很难给学生一碗水。

四、未来会成为更好的辅导员

我一直认为，并不是每天工作18小时你就是一个好的辅导员，但如果离开学生太久，内心的空虚感会让你喘不过气来。辅导员工作也要学会弹钢琴，把握安全稳定、党建、学风等重点工作，还有奖学金、助学金等关系到学生切身利益的工作，而文体活动、志愿服务、社会实践等可以放手交给学生去做，不要束缚学生们的想法，让他们敢于尝试，不要害怕失败。没有辅导员的日子，太阳照常升起。学生不需要你天天看着他、管着他，但他需要知道，当他横冲直撞、被误解被骗的时候，有人在身后看着他，有人会第一时间帮助他，这个人可以是父母，这个人也可以是辅导员。不同的是，父母随着学生的长大而变老，而辅导员随着学生的成长而成长。

韩愈曰："师者，传道授业解惑也。"这是关于"教师"这一角色的职能最全面、最经典的诠释。辅导员作为教师众多分工中学术含量较低的一种，也许在学术上对学生的指导有限，但我们在思想、生活等方面用无微不至的关怀行动履行着"师者"的责任与义务。从我个人的角度而言，从事辅导员工作三年来，有两样东西对我来说至关重要，那就是爱与责任。辅导员工作要想取得成效，必须以学生为本，时刻把学生放心上，用爱与责任架起与学生沟通的桥梁。

林梦，女，中共党员，2013年6月湖南师范大学毕业，本科学历，学士学位一，任生信系畜牧14101班、畜牧14102班、计应14101、15115、15116班辅导员。

心语：今年是我担任辅导员的第四个年头，四年说长不长，说短不短，却是转瞬即逝。漫长也好，短暂也罢，开心就好。这四年过去了，我送走了我的第一批的学生，回想起来，他们的一颦一笑仿佛还停留在昨天。现在，面对我的学生和工作，我不再忐忑和紧张了，更多的是从容和淡定，四年的工作实践和学习经历也让我成长和成熟了许多。如今，我已深深爱上了辅导员的这个工作，它不仅是一份职业，更是我生活的一部分，不管外界如何纷扰，我自花开淡墨痕，怀着爱与责任，每天做最好的自己。

我和学生一起成长*

在传统的教育中，教师扮演的角色是知识的传授者、灌输者，是学生纪律的管理者，是真理的代言人。这种角色定位，已经不适应新时期教育的发展，不适应新课程标准的要求。新时期，教师应该是引导学生主动学习的组织者、学生成长的帮助者、学生个性发展的促进者，建立起亦师亦友的新型师生关系，这样可以改变过去那种被动的、灌输式的说教。教师创设问题情景，启发学生主动探求解决问题，同时教师应从多方面关爱学生，用自身的体验，给学生以人生的参照，学生尊重老师、亲近老师，向老师袒露自己的胸怀，使师生的心灵得到沟通。在“视听环境中长大”的学生，可以与教师站在同一起跑线上，甚至比教师跑得更快，这就要求教师跟学生一起成长，不仅要关注学生的点滴成长，更要关注自己的点滴成长。

一、跟学生一起成长，教师要学会角色转换，建立与学生民主平等、相互信赖的新型师生关系

当我走进职院之初，常常因为学生的错误，恨铁不成钢，对学生们发脾气。当时，从他们的眼中我看到了敌意与抗拒。甚至有的学生发展到后来，根本不肯听我的话，成了一个顽固分子。我意识到，也许，换一种方式，会有更好的效果。我就想尽办法，让孩子们看到一个既严格，又和蔼的老师，而他们的表现，也一次次令我惊喜。我走近学生，亲近学生，与他们一同真诚的交流。在实践中我发现，给你的学生更多的关注、更多的爱、更多的鼓舞和欣赏，在不

---

* 本文作者：谌奥特

知不觉中，你的学生就学会了关爱，班级就会形成一种关心他人、关心集体的氛围。

去年我们班有位同学，一直来乖巧听话，学习认真。有段时间他上课走神，作业敷衍了事，且表现出叛逆性。我找了一个恰当时机，与他交流，得知他父母正闹离婚，出于种种原因，母亲不让他与爷爷奶奶爸爸见面，而他素来与爷爷奶奶感情最好。他想去爷爷奶奶家，又不愿违背妈妈，因此特别难过，我开导他、安慰他，并告诉他，爸爸妈妈离婚，是因为感情不和。你没错，爸爸妈妈也没错，爷爷奶奶更没错。你和他们的感情还像原来一样，你爱他们，他们也爱你。事后我又找家长沟通，他们改变了态度，孩子又回到了从前。所以，我们要舍得花时间与学生交谈，耐心当好学生的听众。通过交谈我们不仅可以及时了解学生真实的想法与表现，也让学生了解我们的一些要求。

每天课余时间，我都尽量抽出一点时间和学生一起聊聊天，让他们谈谈自己的见闻和想法。而无论学生讲什么，我都会认真聆听，让他们感觉到我很喜欢听他们说话，以此激发学生表达的欲望。要掌握与学生交谈的艺术，就要耐心地当好学生的听众，从而可以了解学生的真实想法，在他们针对某件事的辩解中，我们可以发现事情的真正原因，便于说服教育。所以，和学生交谈时，我们不要只注重自己怎样说，更要注重怎样听学生说。在快乐轻松的氛围中达到情感的沟通和交流，并成为一种习惯。

触动心灵的教育，才是最成功的教育，这种触动正是来自教师角色的转换，来自民主平等、相互信赖的新型师生关系的建立。

二、跟学生一起成长，教师要更新教育理念，不断提高自己的思想水平和师德修养

思想观念是行动的先导，不断更新教育理念，才能推动教育事业的健康发展。一个教师如果仍抱有落后陈旧的教育理念，用传统的观点来看待学生，用传统的教育方法来教育学生，其教育肯定会缺乏针对性和时效性，很难收到满意的效果，有时甚至适得其反，使学生产生逆反心理。因此教师要培养学生良好的思想品德与修养，自己必须要具备良好的道德修养。教师不同于其他职业，教师需要用高尚的人格来影响学生，教师只有是一个高尚的人，一个脱离了低级趣味的人，学生才会听你的、服你的，才能“亲其师而信其道”。在把知识传授给学生的同时，自觉地用高尚的思想、健康的情感去影响学生，用真诚的心去呼唤学生，用自己的热情之火去点燃学生的热情之火，让他们在融洽的情感共鸣中获取知识，在高尚的情感中受到心灵的熏陶。此外，还可积极寻求学校与社会的结合点，用身边的事来引导教育师生。通过一些专家学者的报告会、帮困扶贫献爱心活动、文艺汇演、“红色歌曲大家唱，阳光体育大开展”等丰富多彩的教育活动和社会实践，在活动中体验道德是非，体验高尚，体验成功。

三、跟学生一起成长，教师要不断更新知识，提高自己的业务素质和教研能力

“现在的学生越来越难教了。”在日常教育教学过程中，有不少教师发出这样的感慨。说现在的学生难教，有其客观原因：过去，课堂是学生获取信息的主渠道，各种知识在课堂上通过老师传授给学生，学生只要听老师的话，按老师说的去做就行了。现在则不同，除了课堂之外，学生从电视、广播、报刊、网络获取大量的信息，接受五花八门的知识。有许多知识，老师们都不知道，而他们知道，甚至是老师不让知道的，他们偏偏要知道。因此，我们说不是现在的学生难教，而是我们有的教师知识陈旧，落伍于时代了。教师要适应形势的发展，做一个合格的、受学生欢迎的教师就必须抛弃旧的知识，不断汲取社会生活和科学技术的新知识，做一个不断学习、善于学习的教师。

作为一名教师，仅有知识是远远不够的，还需要有较高的教研能力。整个教学过程，学生是主体，教师要有较强的课程组织与实施能力。同时，老师要引导学生提出问题、分析问题、解决问题的能力。所以作为一名教师就需要对教学有一定的研究。

四、跟学生一起成长，教师要学习教育学、心理学知识，了解学生的思想，始终保持一颗年轻向上的心

生活环境影响着人的思想、心理的变化。现在我班上的学生，大多是留守学生，父母双双在外打工挣钱，他们的生活条件优越，衣食无忧，但普遍缺乏分辨能力，不加辨别地吸收从社会和各种媒体中涌来的种种复杂信息，造成现在的学生思想变得越来越复杂，道德观念和价值取向日趋多元化，表现在日常生活中，不少学生干什么都怕辛苦，不愿多付出，受不了挫折，听不得批评，缺乏理想和目标，缺少学习的动力……有的甚至排斥学校的教育。他们对老师的批评表面上接受，背后却当耳边风，甚至嘲笑教师：老夫子，落伍时代。

然而静下心来细细分析一下，我们确实有不少值得反思的地方，时代不同了，学生的思想、心理也与过去不一样了，如果我们仍以过去的经验教育学生，确实是落伍了，正确的方法是融到学生中去，了解学生的思想、心理，最大限度地理解、宽容、善待学生，做学生的知心朋友，保持一颗年轻的心。为学生发展创造和谐、愉快的成长环境，深入到学生中去，视学生为朋友、为兄妹，平等对待，情感交融，用自己的真情去唤起学生的信念，对一些所谓的“问题学生”，老师尽量多一些赏识、少一些训斥，多一些引导、少一些说教，使经受挫折的学生获取成功的喜悦与自信，真正在传授学生知识的同时，促进学生身心健康发展。

谌奥特，男，2013 年 6 月湖南师范大学毕业，本科学历，学士学位，任中职部机电 15207 班、汽检 15213 班班主任。

心语：触动心灵的教育，才是最成功的教育。这种触动正是来自教师角色的转换。教师角色的转换，不仅要建立新型师生关系，同时，要不断更新知识，提高自己的业务素质和教研能力。

成长体验*

2016年8月，满怀理想的我迈出大学校门，很荣幸能够在益阳职业技术学院中职部担任辅导员，它给予我的不单单是一种生活经历，更是一种人生态度、一味处世良方。与学生在一起，让我学会理解；与学生在一起，让我收获感动；与学生在一起，使我不断成长。

与学生共同成长，就要认识学生。大学生是国家宝贵的人才资源，当代大学生的健康成长关系到国家和民族的前途命运。今天的在校大学生是积极进取的，主流健康向上。但同时，大学生中也存在这样那样的问题，还不能适应时代发展的需要。因此，在大学生成长成才的过程中还有很多工作要做，尤其是对于那些“问题”学生更要正确认识，积极引导。

与学生共同成长，就要尊重学生。尊重学生的前提是相信学生。大学阶段是一个人受教育的高级阶段，大学生在学习新知识的同时，已经有了自己的思考，有了自己的创新思想的火花。一个大学老师应该相信每一个大学生都能成才，都能建功立业。在此基础上，尊重学生学习的主体地位，允许学生有不同的学术见解，允许学生有自己的个性思考，并积极保护和引导其思考的积极性。尊重学生还体现在尊重学生的正当需求。学生的需求有长远和眼前之分，根本和非根本之分，但最大的需求莫过于成才。在这方面，老师要满足学生的成才需求，并尽可能地在学生的学业、毕业、就业、创业方面提供方便。

与学生共同成长，就要服务学生。作为一名老师，自己的本职工作就是服务学生，也就是传道、授业、解惑，既讲做人处世之道，又讲专业技能，更要

---

* 本文作者：何佑华

能回答学生的疑问。比如我们机电班的小明同学（化名），他是我班男生中最为调皮，令人头痛的学生。他虽然头脑灵活，但自控能力差，上课随便插嘴、讲废话，作业经常少做或不做，还有说谎的坏习惯。开学初几乎每天受到老师的批评指责，但不奏效。我及时和他的家长取得了联系，通过交流了解到，他的家庭环境比较特殊。父母非常溺爱他，从他母亲的谈话中了解到，他从小调皮好动，经常说谎，还喜欢动别人的东西。

通过细心的观察我发现，他极不自信，不敢主动与伙伴、老师、家长交往，又不敢说出内心的渴求与希望，总是躲避着别人的指责，小心地维护着自己仅有的一点自尊，压抑着内心的情感。有一天课间，别的同学都已经出去，他在教室里磨蹭，我产生了怀疑，于是把他叫过来询问。孩子刚开始沉默不语，经过我细心的劝导，他小声说是在教室里抽了烟。我当时很气愤，他平时就经常抽烟，多次教育仍不悔改，这次居然在教室里抽烟。我想惩罚他，让他公开道歉。但稍稍平静之后，我意识到这个学生内心深处也渴望着被人关注，被人理解和尊重，渴望着同学的理解，老师的帮助，家长的呵护。我把这件事暂时放下，告诉他这是我们两个人的秘密。我耐心的劝导并且与母亲取得了联系，课后经常帮助他，多和他沟通与交流。没过几天，他主动找我承认自己的错误，并且在我面前保证，主动在班上道歉，承认错误，并承诺以后不会再犯这样的错误。

这件事之后，我发现孩子的自尊心得到了满足，他增添了许多自信，也经常和我聊天。根据他的这一心理，我决定将计就计。我从这个学生头脑灵活、反应快的优点入手，以他一次不举手就随口回答为突破口，不仅没有批评他，反而还肯定了他回答的合理之处。而后的一段日子，我有意识地对他多次赞赏，有时甚至用夸张的表情、惊讶的语气说："你真聪明，没想到能回答地这么好！太棒了！"与此同时，对他在校进步的表现我还打电话给家长予以表扬。从此，他的表现明显有了好转，上课积极回答问题，作业也认真完成，上课乱动的现象也有意识地控制。

为了燃起他更强烈的成功欲望，在他获得成功感，倍感骄傲与自豪的时候，我给了他一点点挫折感。"嗯，这个问题基本正确，但不够全面。如果看看书再回答，相信你会说得更好。"而他达到新的更高要求的时候，我又对他大加赞赏。这使他内心的自尊需求得到充分满足，他在上体育课时越来越配合。上我的课，他不但不讲闲话了，而且还能积极举手发言。我对他的赞赏激起了他强烈的上进心，想当一个好学生的意愿日益强烈。我的赞赏牵引他走向一个又一个进步，他越来越爱探究学习问题，成绩自然也就上去了，其他方面也有了长足的进步。

经过这件事，我深深感到，尊重和赞赏在教育实践中对学生的激励作用。正如林肯所说："每个人都希望得到赞美。"确实，获得他人的赞赏与肯定，达到自我实现，是人们基本生活需要满足以后的精神上的一种高级需求。这种需求贯穿于人的整个生命过程。世界上许多卓有成就的人就是在追求社会肯定中获得成功的。实验心理学对酬谢和惩罚所做的研究表明：受到表扬后的行为，要比挨训后的行为更合理、更有效。真心诚意地赞扬对方，鼓励对方，自然而然地使对方显示出友好合作的态度，这就为矛盾的解决提供了心理契机。

其实，每个学生都是一朵含苞待放的蓓蕾，都有自己的"闪光点"，每一位学生都不想做差生。他们之所以"落后"一些，在某种意义上可以说是由于自尊需要没有得到老师的充分关注。教育专家韩凤珍说："所有难教育的孩子，都是失去自尊心的孩子。教育者要千方百计地保护孩子最宝贵的东西——自尊心。"

对于年轻教师来说，与学生共同成长还包括向学生学习。教师的任务是培养学生，引领学生健康成长。但对青年教师来说，除了引领青年学生成长之外，还有一个自身成才的问题。因此，向学生学习一方面是掌握学生基本情况，了解学生所思所想，有利于更好地开展学生工作，另一方面在与学生学习交流、解答学生疑问的过程中，提高了自己认识问题、解决问题的能力。也就是说，青年教师在带领学生成长成才的过程中，自己也有了进步。

辅导员应该真情投入，以服务学生为中心。如何更好的为学生服务，在服务中育人，这是我们需要经常思考的问题；真情投入、用心育人，让学生从心理上认可，从感情上亲近，是我们开展学生工作的基础。更要懂得尊重学生，树立以学生为本的服务理念，构建民主、平等的师生关系，诚心诚意对待学生，认真聆听学生们的心声与要求，走进他们的内心世界，努力成为学生的良师益友，为学生们成人成才提供最周到、最优质的服务。

辅导员应该加强自身素质，努力提高创新意识。辅导员是做好高校学生工作的中坚力量，是学校学生管理工作的主力军。作为辅导员，其自身素质不仅关系到学院工作效率，也直接影响着学校的教育质量。必须不断地完善和锻炼自己，提高自身的业务能力，只有具备扎实的业务素质，才能得心应手地处理学生工作中出现的各种复杂问题。同时，辅导员还要具备创新精神和创新意识，对各种不同的问题能够从新的角度、新的思路出发，发散思维。我们肩负着为党和国家培养德、智、体全面发展高素质人才的重任，我们肩负着为社会进步注入新鲜活力的历史使命，我们会用做小事的心理做大事的态度去完成自己的工作。我会用每一天去享受作为辅导员的荣耀，带领着我的学生们一路笑着成长！

何佑华，男，2016 年 6 月湖南城市学院毕业，本科学历，学士学位，任中职部机电 16302 班班主任。

心语：每个人的人生只有一次，我们在成长中进步，在失败中成长。人生不可能是一帆风顺，只有那些经历过许许多多磨难与挫折的人，才能够体会人生的真谛，从而开启人生的新篇章。

做好了自己　才能得到学生的回应*

“三尺讲台，三寸舌，三寸笔，三千桃李；十年树木，十载风，十载雨，十万栋梁。”这可能是对一位老师最简明扼要的概括。2015 年 9 月，毕业一年后，来到益阳职业技术学院上班，任职中职部辅导员。从一名学生的身份转换为 100 多名学生的老师，这个变化有些让人措手不及。在 10 多年的读书生涯里，老师在我的印象里是严谨求实、满腹经纶的形象，而深感自己与其差之甚远。最开始任职的时候，是带有很多的惶恐的，怕带不好学生，怕耽误学生，怕无法做好那些可爱学生学习生涯的引路人。以前也从未有过为人师表的经验，只能诚惶诚恐地、小心翼翼地与学生打交道，与他们相处。带了 100 多人，每个人的性格、脾气都各有不同。开学之初，不知道用什么方式方法与他们相处以及沟通，最后只能自己带着勇敢尝试的想法，接手了模具与汽修两个班。经过一年多的努力，通过与其他老师沟通交流和学习，总结了一些经验。

一、以朋友的身份融入他们，以老师的身份引领他们

不管是在学校，还是在公司单位上班，所有的管理中心思想是以人为本。在班级的日常管理中，老师就是班级的管理者，学生群体就是被管理者，班级是一个以老师为中心，班干部集体为辅助，以学生群体为根本的大家庭。以人为本的中心载体是人，在日常的生活中，我一直都是把自己当做他们的朋友、他们的大哥哥、他们群体中间的一分子，以平和的心态和他们交流沟通，及时地了解他们的想法和动态。教师的身份决定了这份职业的不平凡，教育者应该

* 本文作者：刘宇峰

重视对于学生的人文关怀，教师只有用心换心，才能赢得学生们的心。老师与学生之间的情感交流，不仅仅是三言两语就能够说出来的，也不仅仅是浮于表面的沟通。只有真正地融入到了学生的集体中去，才能够更好地了解和引导他们。

二、重视干部的培养，发挥干部的带头作用

作为一个新晋老师，面临这个职业的很多难题，但没有老成的方法方式去面对和处理。初期的简单摸索与试探，让我感觉自身的压力很大，面对着一双双清澈纯粹的眼睛，自己也深感责任的重大。但是一个人的精力终究是有限的，如何运用有限的能力，管理好不同的两个班级，就显得尤为重要了。因此，基于这些因素，我想到了放权给班干部管理班级的办法。军训初期，选举班长班干部过于草率，在很长一段时间里班级的情况都不容乐观，所以只能摸石头过河，边用现有班干部管理班级，边发现和挖掘班上具有管理能力的学生来担任班干部。所幸不到半个学期，就有几个自我约束能力强，能够担责任的学生突显了出来，于是班级管理的难题被解决了。但是单单只是选举出班团干部是不够的，班团干部选出来之后，干部的培养和引导更加重要。在班团干部团队成立后，我一直要求班干部由班长领导，各司其职，并且要求班干部们每周向我汇报一次情况，做出阐述。针对学生一周的学习情况，要求各个班干部作出解释和改进计划，只有不断监测，不断改进，班集体才会有所进步。

三、班级凝聚力、班级灵魂的培育

一根筷子易折断，十双筷子抱成团的道理我们都懂。一个班级也是一样，只有把他们整合成为一个整体，才能够团结一致，一起努力。而如何成为一个整体，班级的凝聚力就特别的重要。班级凝聚力体现在多方面，在一起朝着一个目标努力的时候，在一起玩耍共同娱乐的时候，等等。在提升班级凝聚力方面，我也是花了很多的功夫。一方面，在学院举行运动会的时候，鼓励学生踊跃报名参加；在拔河比赛、篮球比赛的时候，鼓励大家为了班级荣誉积极参赛，把目标定在第一名，班级的运动员们为了第一名，努力奋进、拼搏。另一方面，教室是学生活动的主要场所，教室环境的好坏对学生的学习和生活有着较大的

影响。作为老师，应当把教室建成能让学生自由发挥能力的软环境，满足学生多方面的需求。开学之初应学校要求，我跟同学们一起想方设法，把教室努力的布置了一番。这些都增加了班级的凝聚力，加速了班级的成长。在他们的心中，集体的概念在生根发芽。只有激发学生的潜能和希望，才能真正促进学生的健康成长和班级的良性循环。

四、做好自己，跟学生一起成长

现在想起一年多以前，我刚刚来到职院，第一次和学生见面，第一次和学生一起参加活动，第一次站在课堂上给他们讲学习的重要性，第一次与家长交谈，第一次肯定赞美他们，第一次批评教育他们……太多太多的第一次使我像一个初生的婴儿一样接受着、适应着每一种新鲜的感觉，庆幸的是我并不是孤单的承受这一切，而是与帮助扶持我的领导、活泼热情的学生、相互理解和支持的同事一起。作为一名新教师和班主任，一方面我的业务能力不是很熟练，教学知识体会停留在理论上、理想中，需要大量的时间和实践去学习、去摸索。另一方面，班主任的重担落在了我的肩上，需要我投入全部的经历去引导这些孩子们的成长。我曾经认为当好一个班主任不是什么难事，只要有板有眼，按照套路去做就足以应付所有的局面。但是我慢慢发现我错了，我曾经以为作为一个朋友的角色，融入进他们的生活就够了，能够让他们觉得我们之间的地位平等就够了，我们可以像朋友一样交流交往。需要改变的不仅仅是他们，也同样的包括我。社会和时代在进步，进步的同时，教育是一个需要更多创新和进步的行业。每一年的学生，思想、思维方式都在改变，而作为他们的引路人，更是要跟上时代的步伐，要跟紧学生的思路，只有慢慢地走进他们，了解他们，接受他们，才能去改变他们改变我自己。

新晋老师容易冲动，缺乏冷静，却又满身激情，充满活力，在遇到问题苦恼、无助时，容易打退堂鼓，却又善于创新，爱动脑筋；缺乏计划和条例，却又思维活跃，易受周围环境影响，需要良好的团队氛围，却也善于学习，易接受新鲜事物。孔子曰："其身正，不令而行；其身不正，虽令不从。"当我不断正视自我、改善自我，散发健全的人格魅力的时候，作为学生，他们必定会"亲其师，信其道"。

这短短一二年的成长过程告诉我，优秀的教师具备共同的特质：一份平和的心态，一颗真诚的心和不断反思的坚持。正是这种自身素质的完善才能赢得青睐和信服。只有做好了自己，才能够得到学生的回应，在和学生不断磨合中找到彼此的位置，相互理解，相互帮助，共同成长。

跟学生一起成长，严格律己宽以待人，当学生有所进步的时候不要吝啬鼓励和支持，当学生犯了错的时候要耐心真诚地想办法帮助他们。跟他们一起成长，走进他们、理解他们、善待他们、相信他们，因为我曾是他们。未来的他们会认同我们、理解我们，或许成为我们。

最后将汪国真的两句诗献给所有的同仁和学生，感谢他们跟我一起成长：

“让我怎样感谢你，当我走向你的时候，

我原想收获一缕春风，你却给了我整个春天！

让我怎样感谢你，当我走向你的时候，

我原想捧起一簇浪花，你却给了我整个海洋！”

刘宇峰，男，2010 年湖南涉外经济学院毕业，任中职部模具 15210 班、汽检 15211 班、电商 15204 班班主任。

心语：相信你要走的路和现在要做的事。

学而不厌　诲人不倦*

2015 年是我从讲台下到讲台上转变的一年。讲台是眼睛的聚焦点，刚走上讲台那会儿面对一双双眼睛总感觉站在上面都不自在，感觉自己连站立都不会了。在班级讲话都得准备讲稿，提前练习，为的是能把事情表述清楚，能顺利连贯的说完。站在讲台上，我观察学生，学生也在审视我。军训要求不能留长发，我到理发店理了寸发告诉学生这就是标准。军训期间学生晒黑了，我也晒黑了。学生刚到校不知道在哪里充电卡和水卡，我带着学生去问去找。我想的是我没有当老师的经验，但是我有当学生的经验，先和学生从“同学”做起，与他们共同参与，得到他们的信任。

军训期间，一名学生下午旷课了。最后在寝室找到他的时候发现他在擦药，原来他中午外出被抢了身上所有的钱，身上也多处擦伤，所以就没去军训。把这件事情处理了之后，我问学生为什么不告诉我而是直接旷课，如果我不找你我都不知道发生了什么！学生的话让我一直铭记在心。他说：“这件事本来就是我的错，我不应该私自外出，再说跟你说了你也解决不了什么，报了警都不一定能破案！”这件事让我知道，我要做的还有很多。学生在乎更多的是现在感受到的，而不是将来的承诺。在他心里，他被抢的时候我没有在，在他受伤的时候我没有在。这使我知道要想得到学生充分的信任，把自己当成依靠，路还很长。

面对社会发展、时代更替，辅导员不仅要对学生教育引导，还要更新自己的知识，改变观念，向所有值得学习的对象学习。在向前辈请教和与同事交流

---

* 本文作者：刘林洪

中也得到很多思路，他们的方法不一定适合自己班的学生，但是他们的经验却有很多值得借鉴的地方。当班主任一定要从自己做起，要求学生怎样做，班主任必须先做到。为了让学生热爱所学专业，了解所学专业，我找到了汽车系老师、机电系老师咨询专业前景和专业重点，然后跟学生介绍专业，鼓励学生。

学生是变化着的，不能以自己的认识来框定学生。我们认为作为学生按时上下课这是很正常的事，但是事实往往不是这样，一定要重视学生的年龄特征，不能总是以自己当年做学生时的状态来界定现在的学生，要认识到自己已经是“历史”了。当班主任的第一学期，学生的很多问题都超乎了自己的想象和准备，总觉得这些问题不应该发生在学生身上，但是又偏偏发生了。这就提醒了我不光要分析学生发生问题的原因，还要改变对学生的认识，用符合他们特点的眼光去看待他们，正视学生的过错，纠正学生发生了“低级问题”不可饶恕的观点。

2016 年学生更加适应学校，适应教师教学，适应我，我更加了解学生。在这一年中我特别认识到一定要多相信学生，肯定学生。不能戴着有色眼镜看学生，总觉得他们是中职生，能力就偏低。充分认识学生的能力是无穷的。其中15208 班的学生刘瑶，他在经典诵读比赛中不仅获得了中职部的第一，更是获得了全院的第一；在演讲比赛中获得职部第一、院部第一、湖南省三等奖。这样的成绩让我都感到汗颜。全院的歌唱比赛，由于我五音不全，组织学生唱歌时学生总是说我跑调了。于是全权交给了学生，令我意外的是，我的两个班都获得了意料之外的成绩，机电班获得中职部第二名，汽修班获得第四名。在机电班的歌唱中还发现了一名我忽视了的学生——李康。他在班上表现的一般，甚至可以说还有点小问题。对其他活动积极性也表现得不高，但是他却担任了机电班的合唱领唱，并取得很好的效果。我感到惊讶，同时也很自责。“弟子不必不如师，师不必贤于弟子，闻道有先后，术业有专攻。”对此我有了深刻的认识，达者为师。

“世事洞明皆学问，人情练达即文章。”学生的学还在课堂，老师的学就在身边，和学生在一起，我也在成长。

工作以来我学会了：

育人：基础的思想政治教育。班主任的思政教育是学校德育工作的基础。

中职学生的思想政治教育不是一蹴而就的，一次两次的告知、告诫效果往往是不尽人意的。对此班主任只有不厌其烦的告知，达到耳濡目染，润物无声的效果，才能使学生潜移默化的改变。就像我们经常听一首歌，从来不去学它，但是它的旋律早已经刻在记忆里，当出现这个旋律的时候，可以很轻松的哼唱出来。

识人：成为伯乐一样的存在，知人善用，发现学生的特长，挖掘学生的才能，让学生把自己的才能发挥出来，发现人才，因材施教。“天生我材必有用”，每一位学生都是独特的，找到学生的闪光点，用学生的长处去攻坚特定的目标，这样学生既找到了自己的定位，明白自己的价值，也极大地增强了学生的信心。将军战在沙场，宰相定国安邦，个体不同定位不一，学会使用人才，善用人才。学生都是一匹匹的千里马，而我的责任就是发现他们的长处，做一名合格的伯乐。

驭人：学会驾驭人，管理人。学生素质参差不齐，在管理中必然会出现矛盾，面对不同的学生采取不同的管理方式。面对问题学生学会驾驭他们又不使他们反感，让他们心服口服。要注意的就是：一是注意语言的艺术。语言是管理的最重要途径，传递同样意思，不同表达方式，产生效果也许会不同，甚至是巨大的反差。俗语有云，良言一句三冬暖，恶语伤人六月寒。选择合适的地点，合适的语气往往能获得出乎意料的效果；二是尊重学生。只有你尊重学生，学生才会尊重你。尊重学生的个性，尊重学生的隐私。当学生把他的一些想法告诉你的时候，就要特别注意，他是相信你才跟你说。班上曾经有一位学生单独告诉我说他不想读书，想去打工，要我帮他出出主意，分析分析。我在跟他谈了过后，就跟他家长沟通了，但是与家长的沟通没有做到位，家长直接就跟学生说不允许去打工。之后学生找到我说，我不应该跟他家长说，之所以告诉我是因为相信我，叫我帮他分析也是出于相信，他自己都还没有想好要不要跟家长说，只是这样想过。我直接跟家长说了，他感觉我出卖了他。尊重学生，就要做到尊重他们的每一件小事，学生只告诉你的事，证明学生相信你，不能在学生不知情的情况下就告诉他人，这样学生会觉得老师不尊重他。与父母的沟通也要做到位，不要让学生产生你在向他父母“告密”的想法；三是放大学生的闪光点。学生都有一颗希望得到重视的心，得到他人的肯定。教师一句激励的话语，一个赞美的眼神，一个鼓励的手势往往能给我们带来意想不到的收获。对学生小小的成功、点滴的优点给予赞美，可以强化其获得成功的情绪体验，得到充足的成就感，进而激发学习动力，培养自信心，促进良好心理品质的形成和发展，有助于建立和谐的师生关系，营造一个奋发向上的班集体氛围。

教育离不开学生，学生离不开老师。但是在教育的过程中，老师与学生的定义谁又说的清楚？三人行，必有我师。对学生我们要勇于向他们学习，做到不耻下问。对前辈同事，做到虚心请教，积极探索，学而不厌。对学生的屡教屡错，做到诲人不倦。学生的改变是他们成长的痕迹，也是我们成长的收获！从相识到相知，我们交叉感染！

刘林洪，男，2015 年四川民族学院毕业，本科学历，学士学位，任中职部汽修 15212 班、机电 15208 班班主任。

心语：严而有“度”，严而有“方”，严而有“恒”。

做有智慧有爱心的班主任*

从长沙外贸学院到益阳职业技术学院，我从事教育工作也有两个年头了，不过做专职班主任还是第一次。但时间总是过得这么快，从我第一天怀着忐忑不安的心情来到益阳职院正式就职，眨眼间一个学期都结束了，新的一个学期又开始了，借此机会在这里谈谈我当班主任的一些感受和经历。

每学期刚一开始，班主任对班级工作非常负责，对学生在各个方面的要求都比较严格，当各项工作安排妥当，班级工作理顺之后，又会放松下来，使班级工作显得虎头蛇尾，这种现象普遍存在。其实班主任工作是一项长期、艰巨且复杂的工作，它需要持之以恒的精神。学生的思想、心理，每时每刻都在发生着变化，班主任要深入到学生中去，倾听学生的心声，了解他们在想什么、做什么、喜欢什么，主动接近他们，与他们和睦相处。久而久之，才能和学生建立一种温馨的对话情景与和谐的师生关系，并由此教育和引导学生，使他们的身心健康地发展，为将来成才打下良好的基础。

学生在学校里轻松快乐地学习、生活，即使他们违反了纪律，老师严厉批评时，也要动之以情，晓之以理，更要让他明白，老师是关心你、爱护你的，是为你着想才如此严格要求。

由于我手上的两个班级都是中途接手的，所以管理难度相对更大。比如我手上的机电班，有几个男生一个宿舍，私下关系很好，家庭条件在班上也相对不错，父母什么事情都顺着他们，让他们懒散惯了，典型的晚上睡不着觉，白天起不来床，即使到教室也是倒头就睡，每次处理完之后好不了两天又是老样

* 本文作者：芮杨

子，我的头都大了。

有一天，一个男生的家长给我打了个电话，跟我说他们家里的情况，说孩子不想读了，看看我这里能不能劝劝孩子，毕竟孩子才16岁，这么早走出校门对他的一生肯定是不利的。晚自习的时候我把这个男生叫到办公室，问他什么情况，他也不愿意说。后来我把他父母的意思告诉了他，并说了父母的良苦用心，他才慢慢吐露心声。原来在他的观念里，他来这里读书就是父母逼来的，所以根本不想上课，不想读书，因为家里做生意，条件相对可以，所以只想回去跟大人一起做生意，觉得很自由，没人管。我了解他的心思后就对症下药，摆事实，讲道理，由于跟我这个老师平时关系还不错，所以劝也起到了一定的效果，他也决定先在学校完成学业再出去做事。这个学期开学报到第一天早上他就来了，看到他来报到，我感觉非常欣慰。

还有一个男生，是班里的班长，上任班主任跟我着重介绍过他，说他不错。接触了一段时间我也觉得这个孩子很不错，比较有时间观念，交代他的事情也能很好地完成。不过有一天他突然找到我，说不想当班长了，当时我没当回事，断然拒绝了他的要求。接下来的一段时间，他有事没事就跑来跟我说，要我选个新的班长，自己上课也开始迟到，旷课，有几次上体育课还跟老师争执起来，直接就回宿舍了，体育老师还专门找我，说这个学生太不像话了，一定要给他不及格。由于上完体育课就午休了，我也没及时找到他谈话，结果下午他就旷课了。当时我也很生气，直接给他家长打了电话，说明了情况。挂了电话后没多久学生就跑下来告诉我他来教室了，我马上去教室找到他，结果他倒摆出一副毫不在乎的样子说道："体育挂了就挂了，无所谓。你给我爸妈打电话我也来上课了，顶多就算迟到了一会。"看到他这个态度我更生气了，拖着他就要赶他出教室，到楼梯间他又开始耍无赖，抱着护栏就不松手了。看到这个情况我也意识到自己处理方式不当，就由硬变软，结果我还没说几句话，他一屁股坐在地上眼睛都红了，眼泪就出来了。看到眼前这个情况，我不惊反喜，感觉机会来了，赶紧趁热打铁，跟他一起坐到了地上，对他晓之以理，动之以情，还没一分钟，他就倒豆子一样开始讲了，说班上同学管不住，不听他的，觉得班长当不下去了，暑假在外边打工赚了点钱，觉得赚钱很容易，想出去创业，平时在家跟爸爸关系很紧张，说他爸爸不信任他，所以更想出去闯出一点名堂，跟他爸爸对着干，刚好之前我给他家长打电话，导致他爸爸又臭骂了他一顿，所以情绪就崩溃了。之后我把他带到办公室，听他说了大半个小时，让他把想说的都说了，再跟他一层层分析，讲道理，整整跟他聊了两个多小时，把他的问题都聊透了。这次谈话的效果很显著，第二天开始他整个人的状态就回来了，一切都回到了正轨，甚至比之前做得更好，跟家里人的关系也有了一定的改善。

经历过一些类似的事情后，我觉得一个班主任要允许学生犯错，很多时候学生犯错反倒是给了我们一个更好的契机跟学生沟通，关键是面对学生犯的错误时，我们该如何让其意识到自己的错误并进行改正。

记得一个优秀班主任说过，班主任在，学生能做好，是一个基本合格的班主任；班主任不在，学生能做好，是一个优秀的班主任；班主任在，学生仍不能做好，则是一个失败的班主任。我一直积极思考如何做好班主任工作，希望自己成为一名智慧爱心型的优秀班主任。

当班主任很累，事情很多，很烦心，这都是免不了的。但是当你看到你的学生在你教育下有了很大的改变，当你被学生围着快乐的谈笑，当学生把你当成最好的朋友，当家长打电话来告诉你，孩子变了，变得懂事听话了……那快乐是从心里往外涌的。班主任要用个人的魅力征服学生，要用自己的热情和朝气去感染学生，无论是着装还是言谈，都会对学生产生很大的影响。班主任工作是很有挑战性的工作，每一个学生都是一个世界，要想成为每一个学生的朋友，要想得到每一个学生的信任，需要付出很多的心血，但这一切都很值得。作为一个班主任，必须经常思考：班主任的职责是什么？我是不是一个优秀班主任？这个问题不能只停留在我们班是不是优秀班集体，那只是一个表面现象，而要看自身是不是真正喜欢这个工作。在这种自我拷问与反思中，才能不断发现自身的优势与不足，才能不断提高与完善自身的修养与素质。有人说：“一切最好的教育方法，一切最好的教育艺术，都产生于教育对学生无比热爱的炽热心灵中。”因此，作为一名教师、一名班主任要喜爱自己的学生，喜爱自己的工作。记得有这样一首诗写到：“我到河边饮水的时候，我觉得那水也渴着，我饮水的时候，水也饮我……”我和学生之间，有三个共同。共同感受：感受学习的过程，感受同学的情谊，感受生活的美好；共同分享：分享学习的快乐，分享友情的快乐，分享成功的喜悦；共同成长：不停地学习新的知识，更新观念，和时代同步，和学生共同成长。

芮杨，男，1990 年 10 月 8 日出生，湖南益阳人。2013 年毕业于广州大学，曾在湖南外贸职业学院任教，2016 年 9 月益阳职业技术学院任机电 15209 班、电商 15203 班班主任。

做学生的严师和朋友*

在我担任中职部计应16201、16202班的班主任以来，一直积极思考如何做好班主任工作，希望自己成为一名智慧爱心型的优秀班主任。

中职生大多年龄处在15～17岁，这个年龄的学生正是思维活跃、自制力较差、无心向学、生理和心理都逐步走向成熟而渴望独立的年纪，正处于叛逆阶段又是生理断乳期。在这一年来的班主任工作经历中，对学生的管理教育工作，本人有下面几个方面的心得体会：

首先，帮助学生树立正确的读书观。目前，相当一部分学生、家长对于中职教育在国民经济地位、作用、需求等方面问题一知半解，产生入读中职“无用论”的想法，更有一部分学生不知为谁而读书，曾经多次听学生说过：“如果不是父母逼的或者不是为了他们（父母），我才不读呢！”上述情况是造成中职学生管理难度大、学生学习积极性不高的根源之一。作为班主任，要多与学生进行思想交流、沟通，及时了解学生思想变化动态，通过搜集国家对中职教育方方面面的政策和经济社会发展对人才需求情况，经常灌输正确的职业理念，让他们意识到国家对培养中职生的急切需求，让学生们感觉到中职生的可用性和重要性，使他们对前途充满信心，对学习产生兴趣，激发他们的上进心，从而给班级管理带来积极效果。

其次，日常管理抓重点。班主任工作千头万绪，但日常管理必须抓好以下四点：

一是以纪律为第一抓手。中职学生时间观念差、纪律观念差、行为规范差，

* 本文作者：夏姣

更不具备自觉学习的习惯。要强化纪律约束，抓严抓实抓细，并且做到随时监督，及时引导，及时纠正学生的不良行为习惯。

二是加强对课堂情况的了解和把握。经常向任课老师了解学生的上课情况，尤其是迟到逃课早退情况、上课纪律，针对出现的问题对个别学生进行教育。

三是安全工作时刻摆在第一位。安全工作是班主任工作不可缺少的一部分。在日常教育工作中，我坚持做到天天讲、周周讲，杜绝安全事故的发生。这个学期以来，已召开多个以安全教育为主题的班会课，如交通安全教育、食品安全教育、消防安全教育、预防踩踏事故的教育等，让每个学生都懂得安全是最重要的。

四是加强对学生的劳动养成教育。很多中职生没有劳动观念，不情愿参加劳动，或是敷衍了事，缺乏责任心。因此在管理工作中，必须要加强指导，增强责任意识，培养学生对集体负责的精神，形成爱卫生、爱劳动的习惯。

最后，关注、关心学生，做学生的贴心人。每个学生都有不少可贵的闪光点。班主任的责任就是要用爱心去发掘其闪光点，让学生明白自己也是很优秀的，增强自信。我班里有这样一个女生，她平日里默默无闻，学习成绩一般，属于那种走进学生堆里不容易找的人，但她的字写得不错。我们班第一次办黑板报时，发愁没人会写板头，我就找到她，说她的字写得挺好，让她试试，结果她写得不错。在那个周的周记里，她说真的非常感谢老师让她写黑板报的板头，初中三年里，她想写但从来没试过，太感谢老师给她这个机会了。通过这件事她也知道自己还有很大的潜力，极大地增强了自信心，她后来的学习生活有了很大的变化。每个学生都有值得称道的优点，班主任应及时发现学生优点和特长，公开赞美。从这个意义上说，让赞美成为激励学生奋发向上、刻苦求学的巨大动力。作为老师就应该平等地看待每一个学生，多关注每一学生，真正的走进学生。

俗话说“十个指头各有长短”。一个班的学生不可能人人都是齐头并进的，难免会存在一些后进生。对于他们，我在思想上不歧视他们，在教育上做到动之以情，晓之以理，从而提高他们的思想认识，增强他们的自信心和自尊心。我一般利用课余时间找他们个别谈心，要加倍关心爱护，多做思想工作，多加表扬鼓励。同时，配合学校各种活动，促进后进生的转变，鼓励他们参加丰富多彩的文体娱乐活动。通过参加这些活动，陶冶他们的情操，增长才干，使他们深切感受到校园生活丰富多彩，其乐无穷。有些时候，我会开放班级的各种管理工作让后进生来做，增强他们的责任感和工作能力。

对于家庭贫困的学生我会给予更多关心，从人格上尊重，心理上关爱，学业上多帮助。我会经常和一些同学聊天，鼓励他们参加学校的勤工俭学，从而使他们能自立自强，身怀感恩之心，希望他们最终顺顺利利完成学业。我们班有个贫困生，家庭环境比较复杂，且从小患有残疾。在一次查看宿舍时，我发现这位同学的床上用品特别寒酸，当时就单独和他聊了会，知道他家的家庭情况后，在学校的助学金评定中，把第一个名额给了他。这个同学在平时生活中也表现得比较坚强，相信他也能感受到学校带给他这份无微不至的温暖。

叶圣陶老先生的《如果我当老师》中有一句："我要做学生的朋友，我要学生做我的朋友。"尽管班主任工作很有挑战性，需要付出很多的心血，但是，这一切都很值得，因为，你得到的将是一个美丽的世界！

夏姣，女，共青团员，2016年6月衡阳师范学院毕业，本科学历，学士学位，任中职部计算机应用16201班和16202班班主任。

心语：主动走进学生，与学生一起活动，倾听学生的心声，相互交流、沟通，爱学生所爱，想学生所想，和学生产生心灵间的共鸣，共同分享成长的快乐、成功的喜悦！

我们都是一家人*

在这一年的中职班主任工作中，我感触颇深，有几分劳累，几分收获，我咀嚼过各种苦涩，也品尝过成功的甘甜，经历过一次次心灵的历程，我认为班主任老师是很充实的，有意义的。要努力在班上营造良好的气氛，使每个学生将这个班当作自己的家，人人都爱她，时时都想着她，要做到这一点，得从多方面着手。

一、班主任要放下师道尊严的架子

要让学生真正感到在这个班集体里面，老师是其中的一员，与他们是平等的，那班主任应首先表明这一观点，告诉学生在这个群体中，老师只不过是领头雁而已，这样说更应这样做，班级大事大家集体拿主意，然后集体做决定，切不可“专制独裁”，为追求一种所谓的威严而失去人心。比如班规的制定，大家出谋划策，然后举手表决，一旦形成制度就严格执行，执行时，人人都是裁决者，班干部或者班主任是执行者，这样一来，谁也不愿意去违反自己做出的规定，即使犯了错也甘心受罚并力争少犯，慢慢地同学们遵规守纪的习惯会在无形中养成。

二、班主任要做个标准的天平

平等地对待每个学生，关心每一个学生，不偏袒优生，漠视差生，这是班主任工作至关重要的一环，班主任在管理过程中，优生犯了规，要严肃处理。

---

* 本文作者：黄建姣

差生心理脆弱，本身就有自卑感，又最易犯错，因而在处事过程中切忌伤他们的自尊，心平气和地说服教育，耐心地去引导他们，他们有进步要表扬。

一个班级中，无论男女，不管优劣，班主任都应从生活学习、思想意识等各方面去关注，努力走进他们的生活，了解他们的思想，再走进他们的心灵。因而班主任要扮演好教师、朋友、父母等多重角色，也只有这样做才能赢得同学们的尊重、信赖，形成一股强大的班级凝聚力。

三、班主任应言传身教，热爱这个家

一个班主任的一言一行，人格人品都对学生有着深远的影响。要带好一群思想既单纯又复杂，既有主见，又没主见的孩子，班主任就应该做好典范。比如班级大型活动，班主任要热情投入，想方设法努力与同学们一道去共创佳绩；班级受损，班主任要勇于承担责任，不能一味地责备学生，相反还应鼓励和正确引导；班级事务，自己能做的，自己努力动手去做。地上的纸屑，课桌上的摆设等。走进教室，同学们都在认真学习，弯弯腰，动动手，擦一擦，拖一拖，学生会看在眼中，自然会潜移默化，切忌乱批评指责，指手画脚。这样，学生无形中会形成一种自我约束力，并模仿着为班级做一些力所能及的事。

四、班主任应细心、耐心、有爱心

（一）要细心，洞察一切。现在的学生都有自己的想法，她们很多情况下是不愿意透露自己的情况的，比如男生有了矛盾不告知老师，而是悄悄地以所谓的自己的方式解决，导致打群架等事件的发生；女生失恋了也不愿意与你诉说，而是自己酗酒、抽烟等，甚至更为严重。所以班主任平时就必须多去班上逛一逛，多与学生接触，时刻了解班上学生的各种情况，做到防患于未然。

（二）要有耐心。班主任必须要有百分之百的耐心来对待学生的点点滴滴，就像对待自己的孩子一样，尤其是差生的转变工作，要准备打持久战。我带的电商班有两个学生，他们同寝室，都来自一个地方，他们有几个共同的缺点：旷课、不搞卫生、不学习，并且讲不得、骂不得、罚不得，已经记了留校察看处分。他们几个已经形成了一个小团体，似乎对任何处分都无所谓，我不厌其烦的做工作，终于在这个学期的开始。看到了他们翻天覆地的变化。现在几乎每天都没有迟到旷课的现象，寝室卫生情况转变特别大，已然有了一个良好的开始。这个结果是来之不易的，但是不管怎样，看到学生有如此好的改变，心中满是成就感。

（三）要有爱心。教师要以真挚的情感和爱心去关心学生、爱护学生、尊重学生，用火热的心去温暖学生。电商的女生比较多，很多都比较娇气，所以平时生活中问题也是很多的，但是不管谁出了问题，都应在第一时间去问候、关怀她们，使她们能感觉这个学校的老师特别有人情味，特别关心她们，从而爱上这里，爱上自己的班级。

五、班主任应善于观察，见微知著，要善于捕捉学生的闪光点

我班有一个女生，平时比较内向，不怎么说话，但是经常在寝室看到她会自己做一些喜欢的小物件，而且听其他同学也说起过，她画画比较厉害。于是当学校有一些手抄报比赛、手工作品比赛时，我便鼓励她积极参与，果然，在几次的活动中，她脱颖而出，无论是手抄报，还是手工作品，都取得了优异的成绩。

到目前为止，我们这个大家庭是本年级班级人数最多的、流失率最小的，同学们已然已经适应了这里的生活。经过这一年，同学们加深了彼此的了解和沟通，营造了良好的团结气氛，我希望同学们像兄弟姐妹一样，希望我班集体的氛围变得更加和谐。

黄建姣，女，1983 年 10 月出生，毕业于怀化学院，本科学历，学士学位，任中职部电商 16201 班、电商 16202 班班主任。

心语：人生如车，或是长途，或是短途。无论如何，路要自己走，苦要自己吃，别人无法帮忙。只要你愿意走，踩过的都是路；只要你不回避与退缩，生命的掌声终会为你响起。

我的辅导员故事*

来到益阳职业技术学院已有半年。回想起半年前，我刚踏出校门，走上辅导员的工作岗位，经历了军训时的新鲜、兴奋和因缺乏工作经验而迷茫不知所措，到现在逐渐稳定了下来。我之所以能快速地成长，实现从学生到老师的角色转换，离不开学校各位领导、老师们的提携和帮助。在这过去的半年里，在和同事、学生的相处过程中，发生了很多让人难以忘怀的事，我从中增长了很多知识和经验，也明白了辅导员这份工作的重要和不容易。

辅导员的工作要做好必须要细致认真，因为我们面对的都是一些来自五湖四海、思想各异、性格与兴趣爱好截然不同的学生。

在与学生的相处中，发现有一部分同学喜爱运动，在上学期系里组织的篮球赛中，我带的三个班级，有两个进了前三。有一部分同学在文娱方面很有兴趣，在查寝的过程中，我发现有些寝室摆放了吉他，有些学生下了晚自习就回到寝室，抱着吉他，看着琴谱开始练习，甚至有的人已经开始自己作词作曲。在美术这一块，也有不少有天赋的学生，上学期举办了手抄报比赛，刚开始我有点担心，不知道他们会画成什么样，没想到交上来的手抄报让我很是惊讶，从排版到画图，都做得非常好，系里挑选了一些优秀作品去参赛，没想到拿了个一等奖。在国学经典比赛筹备期间，班上的学生表现出了极大的热情和兴趣，主动跟语文老师联系，选了适合本班朗诵的文章，他们主动去排练，编排动作，请系领导和各位老师指导，听取各方意见，最后虽然只取得了三等奖，但我相信，通过这次的活动，学生各方面的能力都得到了提升，下次会做得更好。

这一个个故事告诉我：在这些学生中，不乏各方面的人才，他们其实也是

---

* 本文作者：刘慧妮

想进步、想突破自己的。在这个时候，身为辅导员一定要加强引导，在课余时间，帮助他们找到自己的兴趣爱好，朝着这个方向去努力，而不是整天沉迷于网络游戏、没有营养的电子小说。

半年的大学辅导员工作，经历了很多酸甜苦辣，看到学生一点一点地进步，到现在逐渐步入正轨，井然有序，我很是欣慰。跟着学生一起成长，自己已经完成从初出茅庐的大学生到老师的转变，我个人的性格也从柔弱慢慢变得坚强、成熟起来。

我的年纪与学生差不了几岁，有个班一个学生甚至只比我小几个月，年龄差距不大，有利也有弊。有利的是，我跟学生沟通起来很顺畅，没有代沟，能跟上他们的思维，比较清楚在他们中流行的事物，更好的掌握学生的动态。不好的一面是，学生虽然会把我当姐姐看，但有时会过于亲近，所以我时刻提醒自己，要树立教师的威严，做一个在教室里对学生严格要求的老师，在生活中，做一个关心他们生活学习的大姐姐。

据我观察，班上的学生有的是父母在外打工，只有爷爷奶奶照顾，有的是娇生惯养的独生子女。生活环境不同、接受的教育不同，对待不同的学生要采取不同的办法。刚开学时寝室要进行调整，有个班一个学生一直住大厅不肯搬到房间里来，大厅里是存放学生行李和各种物品的，到了冬天里面就非常冷，劝了几次无果，我决定到寝室找他谈话。这个学生年纪较小，性格有点叛逆，我询问了好几次为什么不搬出大厅的原因，他都不肯说。我知道这时候不能着急，于是就从他的日常生活入手，跟他聊生活和学习上的事，这时我才知道，他不肯搬出大厅是因为大厅比较宽敞，住在房间里的学生，晚上很晚了还在打游戏、放音乐，他觉得很吵睡不着。了解了情况后，我跟寝室里的同学谈了话，做了思想工作。在与学生沟通交流中，如果他非常尊重你、崇拜你时，你说的话，他会非常重视；而当学生在心里根本不接纳你、不认同你，甚至看不起你时，你说得再多，再苦口婆心，他也懒得听，只觉得你很烦。

赢得学生的信任、尊重，就是要通过耐心地与他们交流，从你的爱心、你的包容、你的正直、你的豁达、你所表现的自信心、你的一句鼓励的话语、一个到位的点评、一个信任的眼神而得到的。从军训的第一天开始，我就陪伴在他们身边，看着他们不断地进步、成长。记住每个学生的面孔，脱口而出他们的名字，他们会很感动，至少知道你在很用心地对待他们。每次去查寝，我都会抽出时间和学生聊天，了解他们一些学习生活习惯，兴趣爱好。对年龄较小、外地的学生，更是要去关心他们，消除对陌生环境的不安，更快地融入集体生活。

优良的学风、班风、舍风是培养高素质学生的无形的重要因素。一个优良学风的形成不是一蹴而就的事情，要通过长期的培养。为了更好地管理，我根据《学生手册》上的内容，制定了班纪班规，严格按照规章制度进行操行分的奖扣，每个宿舍也张贴了寝室规定。对16级新生来说，学风问题必须要严抓狠抓，在一开始就要养成良好的习惯。我创建了一个班干部群，每堂课由纪律委员核实人数，登记旷课、迟到的学生名单，并在群里通报，这在一定程度上提高了学生的到课率。对于极个别懒散、待在寝室不来上课的学生，我会先去寝室找他，看看他在做什么，然后找这个学生谈心，了解他迟到旷课的原因，采取说服教育的方法，让他们认识学习的重要性，回到课堂。定期组织班干部会议，总结班上存在的问题，培养班干部自我学习、自我管理的能力。

回顾这半年来的工作，我明白了肩上所担负的责任和使命的重大，而我在各方面的知识又有所欠缺，在将来的工作中，必须要不断地充实自己，多积累经验，在日常的生活中严格要求自己，树立终身学习的理念。一方面，要在学生的心中树立良好的形象，主动关心、亲近学生，加强与他们的交流，实事求是、公正严明，尊重了解每一位学生。辅导员的任务是艰巨的，工作是辛苦的。但我认为我的人生是有价值的，因为我用实际行动诠释了“师者，所以传道授业解惑也”这一经典论述。另一方面，我也认为我的生命是有意义的，因为我践行了“学高为师，德高为范”这一理念。在以后的工作中，我会面向学院美好未来，不断地学习、不断地思考、不断地进取、不断地创新，为学院的学生工作作出应有的贡献。

刘慧妮，女，共青团员，2016年7月通化师范学院毕业，本科学历，学士学位，任机电工程系船舶16101班、模具16102班、焊接游艇16101班、模具机制16101班辅导员。

心语：不忘初心，勇敢前行，在今后的工作中不断地完善自己，挥洒青春的汗水。

付出辛劳　收获成长*

辅导员是高等学校教师队伍的重要组成部分，是高等学校从事德育工作，开展大学生思想政治教育的骨干力量，是大学生健康成长的指导者和引路人。虽然辅导员工作是很繁琐的，但是细中见大。一年的辅导员工作，酸甜苦辣皆有之，有时很有成就感，有时很有挫败感，跟着学生一起成长，自己已经从一个柔弱的性格到很坚强，逐渐成熟。

2015 年 7 月，我正式成为一名专职大学生思想政治辅导员，面对 90 多名来自不同家庭、不同学校的新生，一方面是改变工作环境时的兴奋和激动，另一方面又是对如何做好学生工作的紧张和迷茫。我反复记忆，用最短的时间记住学生的名字，每次见面都能准确叫出他们的姓名，这样在学生心中这个老师就亲切了几分；我把每名学生的电话号码，都存在手机里，他们打电话过来，我都首先喊出他的名字，学生心里就温暖了几分；我的手机 24 小时开机，我告诉学生有事打给我；每天都会去学生宿舍走访，了解学生生活情况；经常去教室旁听，观察学生上课状态；定期与学生约谈交流，及时了解他们的思想动态和实际需要；我把遇到问题随时在工作日志本上记录，为学生解决困难从来不推辞，不拖延；我为每一名学生建立了个性档案，掌握学生的基本情况、兴趣爱好和个性特点，并将他们的学业、生活和思想动态做出详细记录。这些看似平常的工作，在用心完成之后，其实学生也看在眼里、记在心里。

学生工作是做人的工作，需要我们用心沟通，用爱融入。

---

* 本文作者：谢苏兵

所带的学生或多或少存在一些心理问题，这些问题，表面上可能根本看不出，甚至他的表现会给我一个错觉。比如说，他明明是个挺自卑的人，但他表现出来的是相当自傲，把很多事情都不放在心上；有时他明明是个内心很孤独、很封闭的人，但给人的表象是个开朗的人。所以还是要深入到他们中间，与班委经常联系，与其父母沟通，全方位了解他们，关爱他们。

记得2016年5月，劳动节假期回来，发现一个同学没有返校上晚自习。通过学生了解，该同学于先一天回学校骑走了自行车，说是要骑行游上海，并留下一张纸条，没打算继续读书。于是我第一时间通知家长，家长也没有发现种种离家出走的迹象，我一边要跟这位同学平时关系要好的同学继续保持联系，一边与家长保持联系，家长在第一时间派家人沿路寻找，几天都找寻无果。我紧密跟踪该同学的QQ说说更新，从一开始就没有责怪过他半句，每当他更新一则说说，我都会鼓励他，叮嘱他多注意人身安全，保护好自己。我用朋友的语气考他，他每到一个地方就问他当地有哪些历史人物或地方特产，得到他的回复后，察觉他已经到了湖北赤壁，于是通知他的家人到赤壁通往上海和北上107国道的口子那等候，家长兵分两路，经过三天的跟踪，最后于5月6日顺利在107国道上接到他，把他平安带回家。

自己所带的学生中有一些贫困生，我首先是帮助他们排除他们内心的自卑，经常和他们聊聊天，知道他们内心活动，激励他们努力学习，发掘其特长，引导他们自力更生。让我很感动的是，一个学生，在跟我谈过几次之后，给我写了一封信，这个学生为了凑学费，在暑假期间到广东打工，受不少白眼，但是她告诉我其实这个世界上还是好人多，因为有一些人对她伸出援手。

辅导员工作付出多，但收获更多，我们在与学生一起成长。

大学不仅是探索真理、追求知识的神圣殿堂，更是塑造人格、培育品质的精神家园，作为辅导员、班主任，我们应当倾己之力，在这重要的人生阶段，帮助学生去学会如何做人、如何求知、如何生活。所以，这其实对辅导员、班主任的要求是很高的，需要我们不断学习、与时俱进。多年来，不管工作多忙多累，我每天坚持阅读，作为“思想的引路人”，自己的“思想”首先不能空洞和落后。

通过长期的工作学习和实践，让我的知识和能力得到了很大的提升，相信同志们也都有同样的感受。辅导员在基层一线工作，但基层也是最锻炼人的地方，我们应当珍惜机会，锻炼才干，收获能力。

谢苏兵，女，中共党员，本科毕业，任会计 15201 班、汽修 15301 班班主任。

心语：用心工作，用心生活，不断地提高对自己的要求，同时也不断加强对他人的宽容。

学生的成长需要引导*

回顾过去一年的辅导员工作，在我跟学生共同成长的过程中，心中充满感激。我要感谢我的学生，是他们让我感受到在工作中不断成长的快乐，激励我在工作中逐步建立自信，是他们让我找到作为教师进行专业发展的支撑点——基于实践的学习与反思，是他们给予了我很多关于教育、关于人生、关于学习、关于生活的思考的火花；我要感谢学院主管学生工作的领导和同事们，是你们兢兢业业和认真负责的态度给了我榜样的力量，是你们每一次班主任会议语重心长的嘱托，让我深深感受到辅导员工作的重要与伟大。是工作，是实践，给我提供了进行教育教学研究的生命土壤。我衷心地感谢这一切！

除了辅导员这重身份，我还是一名招生老师。在招生的过程中，我遇到过很多问题，从学生报考到录取再到正式成为学院的一名学生，中间有很多路要走。总的指导思想是，我必须站在学生的角度去处理问题。可以说，这一年多的辅导员经历，对我的招生，是起了很大作用的。

辅导员常规性的工作是跟学校学生管理结合在一起的，或者说是负责学校学生管理工作的具体实施。大一的学生工作，有别于大二、大三的学生工作。大一学生有一个学习和生活的适应过渡问题，因此辅导员要紧密配合学校学生工作的部署，对学生的学习态度、学习方法予以引导，对生活自理独立能力予以引导，对寝室集体生活行为予以引导，对人身财产安全的防护予以引导，对生活或学习有困难的同学予以帮助，落实常规的学生学籍管理工作，落实国家贫困生资助工作等等。这些工作的落实，充盈着辅导员工作全部，体现在开班

---

* 本文作者：黄小兵

会、宿舍走访、跟同学聊天的这些日常工作行为当中。

我对辅导员工作的认识，是在工作的过程中逐步形成的。刚刚开始的时候作为新手，我对自己能否胜任辅导员工作忐忑不安，不知道作为班主任究竟要承担哪些责任和义务，十分的担心学生出意外事故。于是在我被通知担任辅导员工作，学生还没有正式报到之前，我就开始从学习做起，从网上查资料、向周围同事询问、阅读辅导员工作手册之类的书籍等等，但实际上“纸上得来终觉浅，绝知此事要躬行。”因此，在后来的实际工作中，我就开始注意观察、记录、思考与总结，提炼适合自己、适合大一学生、适合本班学生的辅导员工作计划。辅导员工作看似琐碎，但实际上是一个整体，是一个系统，这个系统中存在着一些“牵一发而动全身”的相互关联的核心要素。只有抓住这些核心要素，才能让我们辅导员工作做得更有实效、更专业、更出色。那么对我来说，我的大一辅导员的“工作指南”可以概括为“以学习型组织为管理思想，以质的研究方法为研究指南，以信息环境建设为辅助手段，以人文关怀为落脚点”，以此形成大一辅导员工作系统，而其灵魂是“狠抓学习风气，重塑学习化生存的学习习惯”，其执行策略是“防微杜渐，铸造良好的生活习惯”。

我所带的15127、15128班，西部省份的学生占大部分，给大多数人的印象是贫穷、落后。诚然，我的学生中有很多也是因为家庭贫困，需要贷款上学，但不意味着他们就没有一颗向上的心和追求梦想的翅膀。相比之下，他们离开家乡，来到陌生的省、市，在不同的文化、经济环境中，理解、包容和培养是他们最需要的。

今年上半年，15128班的一名很上进的同学，有一段时间经常在晚自习时请一会假。前两天，我还没在意，到第四天，他下午下课后又跟我请假，我就悄悄跟着他去到了兼职的地方——秀峰公园。他把吉他盒往地上一摆，在冷风中，他开始歌唱，饿着肚子的他，歌唱着生活的美好。我眼睛红红的走到他的面前，他用诧异的眼神看着我，我为他鼓掌，加入到了他的队伍。当人群散尽，我请他吃了一碗米粉，他哽咽着对我说：“老师，家里很久没有给生活费了，不说清楚请假原因是怕被骂。”我说：“我为有你这样自强自立的学生感到骄傲!”现在，我回想起来，多亏自己先去调查了，否则，这个学生可能就会因为生活费而失学。

在日常的管理工作中，理解和包容学生，不等于纵容学生。精心的培养，是我工作的重点。

现任汽车系团学会书记的是15127班的一名普通学生，从刚入学的懵懂、单纯到现在的稳重、成熟，他经历的就是一个精心培养的过程。一开始，他担任班级的学习委员，每天负责填写班级日志和教学日志，这项工作在很多同学眼中，没有什么技术含量，我就慢慢地对他提高要求，先是学会跟任课教师做及时的反馈，然后帮助同学将在学习中遇到问题集中进行解决。边做干部，边学习怎么处理问题，就这样一步步把他的本职工作做到最好。进而他被选进了团学会，还被评为了“十佳青年”“三好学生标兵”“优秀干部标兵”等。学生不是不优秀，而是需要一个人生的导师去正面的引导。

学生的成长就像是大树的成长，需要阳光雨露，需要等待。我能给予的是在一定范围内的自由，也就是学长般的理解和包容，也会让他们意识到作为一个男子汉应该有的担当。所以在我与学生交流的时候，我们是平等的，虽然我没有怎么批评过他们，但是，他们很听话，发的通知也好，还是安排什么任务，都能够很好地去执行，这也是我很欣慰的地方。我的感慨很多，选取这些印象特别深刻的写入文章中，感谢大家的聆听，谢谢。

黄小兵，男，2016年6月湖南大学毕业，本科学历，学士学位，人力资源专业，任汽车系汽检15128班、汽检15128班辅导员。

心语：学生的成长犹如小树的成长，需要用心的引导，需要耐心的等待。

共同学习　共同成长*

时光荏苒，岁月总是在不经意间流失了。在益阳职院的时光一晃就是三个年头，职院的楼，职院的树，职院的人，总是那么美好，作为职院毕业的学生，我能够留在职院工作，我感到非常的荣幸。

还记得刚上大一的时候，自己怀揣梦想，从云南昭通来到了湖南益阳，从一个熟悉的地方来到另一个陌生的城市。对于从来没有出过远门的我来讲，内心便想到了我要回家，但是心底对大学生活的渴望使我留了下来。从刚开始的懵懂，军训完竞选班长，参加社团、学生会、志愿者和党员培训，到后来成功竞选为学生会主席，我的大学就没有虚度过。

在益阳职业技术学院学习的这三年中，给我的感受就是：学院的自然、人文环境好，老师和领导都非常关心学生、关心学院的发展。学院给学生发展的平台有很多。三年里，我先后获得了“优秀班长”“优秀干部”“三好学生”“优秀团员”“三好学生标兵”“优秀干部标兵”等荣誉称号，获得了2015年度国家励志奖学金、2016年度国家奖学金。正是学院领导、老师对我的关怀和引导，才造就了我的成长之路。

大二的时候，学院推荐我参加了校企合作办学的新迈尔公司的面试，并通过了企业的面试，从此走上了辅导员之路。

辅导员工作对我来说，既是一个机会，又是一种挑战。我担任的角色既是学生，又是老师，在忙着学习的同时，还要工作，可是我并没有抱怨过，相反，我把这份工作做得非常认真。人总会成长，工作总是那么的快乐。迎新、军训、

---

* 本文作者：肖国毫

学生活动，一切都是那么美好。他们总能给你感动，他们总能给你喜悦，他们总能给你信任。他们，就是我的学生！现在的我，依旧活跃在班级以及学校各种活动中，我过得很充实，从没有停下锻炼自己、向上攀登的脚步。坚持最初的梦想，是我如今依旧坚持着前进步伐的原动力——不忘初心，继续前行。

从开始接到公司的电话，到后来的北京培训，到八月份开始上班，我经历了一个短暂的周期。很累，但是真的很充实。刚开始的时候，工作没有质量，很散，组织性和协调性不够强，但是自己工作热情却相当的饱满，积极性很高，能够独自处理好班级的各项工作。日常工作基本是围绕学生出发，了解学生的思想动态和生活情况，帮助他们解决困难，引导他们树立正确的世界观、人生观、价值观、世界观。

辅导员，我觉得是全能选手。学生出了问题，第一时间就是找他们的辅导员，可谓是又当爹又当妈。从早上 7 点多一直持续到晚上 11 点半，除了吃饭时间，基本都在上班，都在为学生忙碌，但是我们的付出都是值得的。当看到他们一步步成长起来，心里也是特别高兴，哪怕只有一点点的进步，都会觉得他很棒。我们要善于发现学生的优点，鼓励学生，真正给他们帮助，而不是为了完成工作而去做这些事情，教育事业任重而道远，不是一天就能够做好、做完美的，需要有很大的耐心去完成每一天的日常工作。

和学生在一起的时光总是那么美好，不经意间就过去一个学期了。从开始的新生到现在，他们已经从一个懵懵懂懂高中学生逐步成长为一名大学生，能够脱离父母的怀抱自己独立生活。来自不同地方的同学聚在了一起，共同学习、共同努力、共同成长，这份成长的喜悦，属于我们共同的努力和付出。

在这几个月的辅导员工作里，我坚持做到了以下几点：

第一，召开主题班会。坚持每周三的班级班会和学院每周四的主题班会制度。班级班会进行每周的工作总结和下周工作的安排，让班干部上台总结，提高他们个人的能力。每周四主题班会由学院统一安排，班级团支书主持。我坚持以学生为主，调动他们的积极性，鼓励学生们用自己的视角去看待社会，培养他们独立思考问题的能力。

第二，开展学生思想访谈。考虑到学生大部分来自外地，我尽量关心他们的日常生活，与每个学生都进行了谈话，更注意关心贫困学生的衣食住行，尽全力想办法，为他们尽力争取勤工助学岗位。

第三，定期召开班委会成员会议。班干部是联系班内学生和辅导员之间的很好的纽带，通过他们，我能及时了解到班内的动态。因此，我除了要求他们要随时将班级情况向我反映之外，还会定期的与他们交流。同时对他们的学习作出要求，要求他们不仅要在工作上和思想上服务于同学，同时也要在学习和生活上起到模范带头的作用。

第四，组织学生活动。积极鼓励学生认真参加学校的各项活动，引导他们发挥自己的长处，以学校活动带动本班活动的开展。如开展的迎新杯篮球赛、校运会、十佳歌手大赛、征文大赛、国学经典诵读比赛，都取得了很好的成绩，同学们在活动中学到了更多的东西并更好地成长。同时，积极组织班级活动，一起嗨歌、打球、烧烤、参观花圃、做志愿者服务、班级座谈会，我们不在乎未来是否美好，我们只在乎曾经拥有过什么，这些活动的开展都为同学们增添了丰富的人生阅历。

通过这半个学期的磨合，计应16101班全体成员已经形成了一种潜在的向心力，同学之间的情谊都很好，这是大家一起努力的效果，不是谁的个人功劳，这是集体的荣誉。一起欢笑一起哭，这是我们的日常生活，我也相信，在今后的生活中，我们会越走越近。

肖国毫，男，中共党员，2017年6月益阳职业技术学院毕业，大专文凭，任生物与信息工程系计应16101班辅导员。

心语：我相信成长，我相信改变，我相信我的学生。

第三编 03

岁月留痕

辅导员工作虽然平淡，但是生活激起的浪花常常将平静打破。这正如在河滩漫步，有人诅咒河水溅湿了鞋，卵石硌痛了脚；然而有的人捡到了惊喜，发现了宝贝。

一组手记与几篇日记，我们从一滴水窥见到了太阳。真爱就在身边，真情就在眼里。当你的注意认真思考时，就不会是碌碌无为的庸人，而是成为了让人肃然起敬的哲人。不要说圣贤的伟大，圣贤也是由凡人成就的。这就是生活，这就是工作，平平淡淡才是真。

我与学生的那些事*

有趣的是在我成为老师的那天刚好是我的生日，我暗自相信这并不是什么巧合，就好像有一盏灯，把我25岁以后的人生引到了一条陌生的路上，等待着我去探索。

虽然，在上班之前已经被提醒无数次，但刚入世的green hand总是天真地以为只要拥有满腔热血就连宇宙都可以被炸裂，所以当真正有一大摊问题摆在眼前的时候，就开始怀疑周围、怀疑自己，怀疑无畏的思想是否能给正在经历这些遭遇的肉体一些符合情理的解释。

军训的第二天，我迎来了第一个问题学生，原因很简单：不剪头发，不刮胡子，不服从教官安排。晚上9点我在查寝室的路上遇见了他，夏天的夜里还是有点凉的，他穿着一件很薄的白T恤，让我不禁打了个寒颤，理工女的直截了当让我极度想要质问他“Why? Why not?”但话到嘴边也只是变成了苦口婆心地劝，也许那时的我其实是在劝自己“一切都会好起来的”。后来，他好几次让我捏了几把汗，有时候我恨不得把他痛骂一顿，但他改正认错的口气又显得那么懂事，以至于现在的我会怀疑他所说的每一句话，必要的时候，还会录音……老师与学生之间信任的维持需要借助外力，这是出乎我预料的。而他们带给我的震撼还远不止如此！

47个人的班里，独生子女寥寥无几，经济压力带来的家庭负担迅速催熟了这帮稚嫩的年轻人，学费、生活费、甚至弟弟妹妹的生活费全靠他们自己。班上几乎一半的人都陷入了上课与打工无止境的恶性循环，但工厂的传送带上似

---

* 本文作者：谢旖

乎并没有传给他们风华正茂时亟需的知识与思想，大城市的经历让他们早就看清与同龄人之间的差距，可是他们哪有时间愤世或是嫉俗啊，每隔一个月我都会收到班上一个女生的短信，她总是不好意思地开口：“老师，我可不可以在班费里面先借100块钱，等家里打钱了我马上就还。”其实，我早就打听到她的父母开学后就没有给过她生活费。评选助学金期间，我还收到过另一个女生的短信，她希望我能留个名额给她的同桌，而她自己本身的经济状况同样堪忧，心酸与感动之余，我在想我需要做些什么，借着一个偶然的机会我送了她的同桌一个笑脸的领针，然后在心里暗暗祈祷我如荼似火的暖阳能照进她的心里，为她们，我还能做更多……

对了，你去过西藏吗？我没有，但我似乎在哪里见过它：拉萨、林芝、山南、日喀则、那曲、昌都……那里节日的气氛、藏装的款式、生活的节奏、信仰的方式，还有展翅的雄鹰跟紫外线，在我的脑海里出奇的形象！我有33个藏族学生，同他们的对话打开了我通往新世界的大门，西藏也无形的包围了我。而他们送给我的远不止地理常识，还有接踵而来的惊喜与磨练，有时候我也会半开玩笑的调侃自己：原来调皮与任性是不分地域的啊！

也就在5个月前，我还跟他们一样，是个学生，尊师重道、求知问学是我过去20年的生活，从来不会忤逆师长，从来不敢越雷池一步，典型的乖乖女形象。我身边的朋友、同学大多是如此，在那个象牙塔，一切都是按部就班，思维与梦想变得有形，没什么大起大落，至多也只是“为赋新词强说愁”，20岁的我从来没有想过在今天会遇见这么多有故事的人，这么多与我的学生时代背道而驰的新生。

我还记得当我第一次走进教室面对着这47个哈姆雷特的时候，欣喜若狂！47个人，璞玉浑金，我眼中的他们是勇敢的、向上的、自信的，少年的放荡不羁，少女的美丽虔诚，让我脑子里冒出了无数个如糖果般欢快跳跃的计划，但日久的接触渐渐地又使我亲手粉碎了心中原有的种种设想，我不再想着如何高谈阔论，不再想着赋予他们不切实际的愿望，不再想着把他们全都变成雕刻的芭比，心中所想仅仅只是唯愿有生之年，当他们回忆起大学的时候，能够把这里当成是故乡——一个看得见诗和远方的地方。

在这里，倾听他们的初心与理想，尊重他们的人格与信仰，保护他们的天性与自由，他们为我解惑、促我上进、逼我成熟，而大学教会我的我也会告诉他们每一个人：如何知礼、如何修身、如何曲径通幽……

润物无声。

而这半年来的我也在努力地生活着，焦头烂额的日子里笑语梨花各占一半，属于我的这首后青春的诗要写好注定不太容易。

谢旖，女，中共党员，2016 年 6 月湖南农业大学毕业，临床兽医学硕士，任生物与信息工程系粮油班辅导员。

心语：没有一代人的青春是容易的，每一代有每一代人的宿命、委屈、挣扎、奋斗。作为辅导员，我很荣幸与他们一起经历我们彼此生命中最剧烈的那一响！

时光不语　静待花开*

“晶晶姐，赶快去群里抢红包。”

“晶晶姐，不要偷拍我们，把我们拍得这么丑!”

“晶晶姐，你赶紧找男朋友吧……哈哈，这样就不会每天缠着我们了。”

一声声清甜俏皮的“晶晶姐”仿若划过耳畔，让正在构思“我与学生共成长”一文的我陷入无限回忆。2015 年初，得知益阳职业技术学院招聘辅导员，怀着对教育事业的满腔热情，我只身前往了当时并不熟悉的益阳职院，职院留给我的第一印象仍然清晰在目。虽然 3 月份的益阳春寒料峭，但是职院却给人温暖舒适的感觉。初春的阳光洒在青葱的樟树上，极富朝气，微风轻拂，枝叶摇曳，整个校园一派勃勃生机，更是激发了我对教师职业的热情。

新春教师培训结束后就开学了，经管系三年高职会计 14103 班和五年高职电商 14201 班的辅导员、班主任一职便由我接任了。当时正处大一的同学们青春活力、聪颖可爱，而恰值花样年华的他们也任性自我。让我颇为讶异的是，虽然同学们入学仅半年，但我却已是他们的第六任辅导员、班主任。短期内频繁更换辅导员，班集体缺乏凝聚力，学风不佳，这也给我随后的学生管理工作带来不少困惑。转眼间我已担任辅导员、班主任两年，期间喜悦与艰辛交织，感动与委屈并行，酸甜苦辣都深有感触，但最为可贵的是我和让我“又爱又恨”的学生们逐渐建立了深厚的感情，我们也都在为成为更好的自己而不断努力。

---

* 本文作者：刘晶菁

关爱　尊重

我认为爱与尊重是一切教育行为的前提。在深入了解同学们的基本情况后，我便知从哪方面关爱他们，如何尊重他们，尽量让德育工作有的放矢。2015 年上学期，我每天除了白天督查课堂考勤，晚自习下到班级与同学们交流学习，更喜欢在晚自习后深入到学生宿舍，帮助同学们处理生活中遇到的难题，关心同学们的日常所需，分享生活中所见闻的趣事。盛夏来临之际蟑螂泛滥，我从市里买来除虫药分发于每个寝室；得知同学们的生日，我主动祝福问候，通过真诚的、质朴的关爱，师生间的感情逐渐加深，彼此间的信任感也日益增强，许多学生会俏皮地称我为“晶晶姐”。电商 14201 班 80% 的学生来自问题家庭或是被隔代抚养的留守少年，他们缺乏来自父母亲的直接关爱，需要更多的关心与爱护。2015 年春，龚同学插班到电商 14201 班，性格内向的她基本上不与父母沟通，在学校也总是独自一人，与其他同学接触甚少。于是我开始主动找她聊天、谈心，课堂上借机关注她、不经意地表扬她，还让性格活泼的同学主动帮助她学习、照应她生活。通过一年多的相处与陪伴，小龚逐渐变活跃了，偶尔还会主动找老师交流，如今她脸庞上常常展现着甜美的笑颜，其他各方面也都进步迅速。

关爱与尊重犹如教育的左臂右膀，缺一不可。相对于五年高职班而言，三年高职班的同学们则更需要得到尊重。成功的教育方法是尊重学生，而又善于启发。教师的每一次尊重和宽容，都会使学生终生难忘，都会促使他去认真学习，堂堂正正做人，规规矩矩做事。当时会计班的男生沉迷网游，旷课成习，但我从未劈头盖脸地对他们一通训斥过。首先我选择尊重他们，理解他们，同时也告知他们怠慢自己人生的事实；其次，彼此尊重，换位思考，同学们自我反省，自我承诺；最后，我加强监督，严格要求，及时发现问题并整改纠正，最终懒散贪玩的男生们不再旷课，而是专注于考会计证。我认为师生之间的关系应该是平等的，教师在言行举止上都应充分尊重学生，而不是一味地要求学生，批评、指责学生。

鼓励 肯定

职业院校学生们的整体文化水平相对薄弱，所以他们常常不够自信，缺乏自我肯定。作为一名高职院校的辅导员、班主任，虽然我会批评不良行为、指出不足之处，但更多的是肯定同学们的优点和长处，发掘他们的闪光点。在接管会计 14103 班和电商 14201 班之前，我已初步了解其基本情况，他们在系部均被视为较差班级，尤其当时电商 14201 班在学院“颇有名气”，严重违纪违规现象较多。与同学们初次见面时甚至有人问道：“老师，难道你不怕被我们拖累？我们班一直是最后一名！”一句听似不经意的话语，却深藏着同学们对自己班级的否定，对自我的不满。从那刻起，我便从各方面鼓励、肯定同学们，或是其可爱之处，或是其进步之处。电商班的张同学来自一个离异家庭，小张自幼由伯伯、舅舅轮流抚养，长期缺乏来自于父母亲的关爱，亲人们又常批评指责他，因此他性格敏感而孤僻，极需被认可、被肯定。经过两年的耐心引导，无数次的鼓励与肯定，小张逐渐变自信了。去年他还主动参加了系部歌唱比赛，虽然有点怯场，但他仍在我掌声的伴奏下认真地唱完了整首歌，赛后我在班上重点表扬了小张，也帮他逐步重拾了自信。

2015 年下学期我转岗为学生干事，并继续兼任电商 14201 班的班主任，虽然管理班级的时间相对减少，但我用心发掘同学们的闪光点，鼓励活泼好动的同学们积极参加各项活动，如迎新晚会、“五四”合唱比赛、演讲比赛等。在不断的鼓励与肯定下，同学们校运会荣获班级第一名的佳绩，迎新晚会的草裙舞表现突出，技能大赛取得较为优秀的成绩，整体情况优于同专业三年高职班学生，同时获得系部文明班级建设第二名，还被评为图书馆到馆率优秀班级等等。同学们在持续进步，系部日常评比由“永远的倒数第一”到偶尔的第 11 名、第 14 名，班级凝聚力不断提高、同学们的集体荣誉感显著增强。两年以来，不管我自己在工作中受到过多少否定、遭受过多少质疑，我都从未否定过我的学生们，我一直用各种方式鼓舞他们，肯定他们。在我看来，教育过程中的一分鼓励能赢一分进步，一分肯定就会换一分自信。

坚持　等待

2015 年盛夏来临之际，我已与会计 14103 班和电商 14201 班的同学们相处近半年。当时电商班一女生在我的 QQ 空间留言到："能不能再陪我们四年。"顿时让我暖意盈怀，也让人五味杂陈。2015 年下学期我转岗为系部女生干事，继而又在 16 年下学期转岗为专职英语教师，但我毅然决定继续担任电商 14201 班的班主任。虽然我无法将全部精力放到学生德育工作中，但我在日常生活中时刻对同学们渗透思想政治教育、法制教育、心理健康教育、职业道德和职业指导教育、创业教育；课后常与任课老师交流沟通，了解同学们的学习情况，尤其是专业知识的掌握程度；校运会期间，我与同学们一起在风雨中为班上的运动健儿们加油助威，担任同学们的摄影师，希望能捕捉到同学们的每一个精彩瞬间。

初次从事学生管理工作的我倍感忧心，但仍秉持着不抛弃不放弃的信念，希望能与学生们同进步，共成长。经过不断的坚持与努力，我们一起平安融洽地度过了两个学年。我们班级凝聚力得到显著提高，集体荣誉感迅速增强；在班级纪律、卫生等方面均取得持续进步；班干部们能充分发挥模范带头作用。目前，班长基本上能独立处理班级日常管理事务，学习委员能较好地协助我引导、监督同学们学习，纪律委员能有效地管理班级纪律，劳动委员能够合理地组织分工合作，团支书能给同学们精彩地上主题班会等等。最为欣慰的是同学们已经有了新的思想高度，懂得了付出与感恩。在去年 9 月，同学们私下为我精心准备了教师节的特别晚会，带给我许多惊喜、感动，让我感受到了他们在逐渐懂事、慢慢成长。古人云："十年树木，百年树人。"教育并非一朝一夕之事，乃是一项长期的工作。作为一名班主任，我会坚持学习，不断提高自身业务水平，不抛弃、不放弃每一位学生，尽我所能地指引他们实现自我人生价值。

不知不觉我已担任班主任两年，面对繁杂琐碎的工作曾无数次想放弃，却又一次次心怀期许地坚持，遇到困难与挫折曾一次次想逃避，却又义无反顾地迎难而上。与问题学生不计其数的谈话，遭到叛逆学生对老师谆谆教导的反感，查寝后独自一人忐忑地步行回宿舍，深夜陪伴突发疾病的学生就诊，这些都是常常让辅导员、班主任“累觉不爱”的日常工作，而不经意间听到同学们亲切地唤一声“晶晶姐”又彷如是最好的馈赠。学生工作就是这样让人莫名的成就感倍增，幸福感骤升；学生工作让我慢慢沉淀，变得平和而又坚韧；学生工作让我在烦琐中徘徊，在挑战中进取。

刘晶菁，女，中共党员，2013 年 6 月湘潭大学毕业，研究生学历，硕士学位，任经管系电商 14201 班班主任。

心语：热爱生活，热爱工作，热爱学生。对学生多一份关爱与尊重，许一份鼓励与肯定，予一份坚持与等待。时光不语，静待花开。

我们一起修炼成“精”*

2014年8月份开始了我的辅导员的职业生涯。从来没有接触过的行业，对于接下来的工作开展我显得有些手足无措，我很紧张，质疑着自己是否有能力能为这么多学生答疑解惑，指明方向。2014年8月30日下午7点30分我第一次以一个老师的身份踏入了教室，我很清楚地记得我刚走上讲台，全班同学齐声大喊的一声“老师好!”，这样的场景现在我回想起来依旧是感动的，我很认真地做了自我介绍，安排了开学工作，就这样我开始了和学生亦师亦友、共同成长的旅程!

付出 收获 感恩

刚来学校的时候我带了电商14101班、电商14102班、会计14101班三个班级，100多人。这些学生来自全国各地，以贵州省偏多，从他们身上我感受到了类似大山深处的淳朴与热情。时间回到2014年9月10日，这是我人生中过的第一个教师节。一大早便有同学在班级QQ群中发了祝福，祝福短信也有不少，但是当我晚上踏进教室门的那一刻还是被深深地感动了，军训期间空余时间十分有限，不知道他们是怎么挤出的时间，认真的布置了教室，精心的准备了礼物。我走上讲台还没开口说话，全班同学齐刷刷的起立，大喊了三声“教师节快乐”，当时就感动得泪流满面，接下来班长代替全班同学为我送了礼物，整个晚自习每位同学讲了来到学校后我给予他们的关心与帮助，感觉整个教室都充满了温暖和满满的幸福感!

---

* 本文作者：廖蕾

从学生军训开始的第一天我就全程陪同，晴天陪他们晒太阳，下雨陪他们淋雨，照顾身体不好的学生，替他们买水，和他们闲话家常，陪他们聊聊未来，一天两天大家渐渐和我熟络起来。因为年纪比他们大不了多少，大多数同学都喊我一声“姐姐”。刚开始有点不太能接纳这种工作方式，每天都感觉自己跟保姆似的，但是后来慢慢的感受到了他们的热情，越来越喜欢和他们在一起。他们会把我当朋友，好的或不好的、开心或不开心的会和我分享；他们会把我当老师，懂的或不懂的、了解或不了解的会找我探讨；他们会把我当亲人，会做或不会做的、想做或不想做的会帮我做。后来这种被重视、被需要的感觉让我对辅导员之路越来越有信心，越来越感兴趣。

经过开学那段时间与学生的相处，我知道了付出就一定会有收获，学生学会了感恩，我们共同学习，一起成长。

诚实　守信

随着工作的时间越来越久，接触的学生越来越多，我越来越觉得辅导员的工作不光只是和他们谈谈心就够了，更要有辨是非、明事理的能力。

去听高数课发现电商 14102 班汪同学旷课了，第二天一早，他主动来到我办公室，说：“老师，我昨天高数课被记旷课了。”我问：“有课为什么不找我办请假手续？”他回答说：“我身体不舒服。”我又说：“你身体不舒服也应该给我打个电话告诉我一声啊！”他理直气壮地说：“我跟刘琼说了，让他转告你一声。”我听了这话后非常生气，说：“你明知道这是不允许的，明知道请假手续是一定要办理的，为什么你连个电话都不愿意给我打？”他委屈地说：“我怕你认为我是骗人的，不相信我，请假手续办理起来也比较麻烦。”

看着这些明知犯错却仍要犯错的孩子，批评的话居然说不出一句，下午我找他进行了一次深入且真诚的对话，检讨了自己在平时工作中给他们留下的不信任的印象，批评了他这种置学校规章制度于不顾的不负责任行为。

通过这件事情我知道了诚实守信是每个人都应该遵从的做人规则，只有诚实守信才能建立人与人之间的信任，才能使我们生活、工作的圈子更加和谐，这是我从他们显露的不足中体会到的，也是我们共同要学习的、要做到的。

梦想　现实

辅导员除了要丰富学生的精神世界，更多的是要告诉他们怎么学习，将来怎么去适应社会。

“蕾姐，我又来找你了，感觉最近非常累。”看着高同学幽怨的眼神，我很是好奇，这个曾经对什么都不在乎的大男孩怎会如此感慨呢？“最近几个事让我很烦心，考证和实习地点本来就够揪心啦，前几天听到你在班上提醒实习前补考的事，我才想起来自己还有挂科的科目，到时拿不到毕业证咋办啊？”

看到他现在的状态我不由得想起了他在校这两年的表现。他是我电商2班的班长，有一定的管理能力，并且人际交往能力较强，和班上每一位同学的关系都处理的非常好，但对学习不感兴趣。大一第一学期便出现挂科，进入大二之后，发现大一的基础没打好，大二的专业基础课完全听不懂。在他们离校实习前我召开了一次未找到实习岗位同学的座谈会，虽然他在学校没学到什么专业知识，但是他还信心满满地说：“这些企业我都不感兴趣，我自己正找更好的呢！”离校的时间都已经过了，眼看着身边的同学都有了着落，高同学着急了，几乎每天都来找我谈论他想要找一个什么样的工作，面试的时候面临的困扰，后来我找到他，对他进行了一次全面的剖析，并且给了他一些找工作的建议。

看着他离去的背影，不禁想到了曾经对学生说的——你可以任性、甚至可以颓废，但一定要给自己一个期限，三五天、一周甚至是一个月，期限到了请振作起来，否则终有一天你会为自己的不负责任买单。

从这件事中我知道了辅导员还有一个重要职责就是要告诉学生怎么成熟，在学习、生活、工作中我们应该努力不懈，不断从失败的案例中认清梦想与现实。

在与学生接触中我认识到了辅导员工作不能只是简单地教授他们知识，而是要教会他们一种能力，一种可持续发展的能力；一种理念，一种做人的理念；一种操守，一种对人对事的操守；更要教会他们一种意识，一种爱的意识，责任的意识！

廖蕾，女，2016年6月湖南农业大学继续教育本科毕业，任经济管理系电商 14101 班、电商 14102 班、会计 14101 班、电商 16102 班辅导员。

心语：辅导员和学生之间的相处就像是要交一群风格各异的朋友，除了要了解他们的各种小心思，还必须要和他们搭建一架心灵桥梁。只要真心的去关心他们，去关爱他们，收获的也必将是他们的真爱！

工作手记三篇*

编书的那些事

2015 年，我和两个专业课老师带着益阳职院 14 级环艺班的 58 名学生，前往江西婺源、屏山，安徽西递、宏村、黄山等风景区写生。历时 22 天，行程两千多公里。

到达江西的第一天，我在婺源的砣江乡摔伤了腿，有两天时间不能下楼。那里十分偏僻，拍 x 光的地方都没有，我不敢告诉家里人，怕他们强行接我回家。晚上，住在异乡的酒店，我痛得眼泪直流，我甚至都害怕，会不会客死他乡。后来，专业课成老师给了我一瓶抹伤口的药，深圳的闺蜜天天发美文让我欣赏，我在异乡的旅馆得到了一丝慰藉。两天后，我步履蹒跚跟学生一起看风景，过往的游客看着我瘸着腿，都是十分惊讶的样子。后来去景德镇，写生基地余总的儿子带我拍了 x 光，医生说仅是扭伤了筋，没有危险，但是要疼较长一段时间。康复的过程是缓慢的，我只有在风景地悠游时，才会暂时忘记疼痛。

于是，我每天都写游记，在一个景点一待就是两三个小时，返校时，竟完成了 22 篇游记。师生一行外出写生，平安返校，游记真实地再现了我们的生活点滴与身边美景。

2016 年下学期，环艺班学生要离校参加社会实践，我们师生一起，开始编

* 本文作者：王正英

写《走进徽州 放飞梦想》的系刊。怎么编书，我们一头雾水。深圳的闺蜜提醒我，你可以找一本类似的杂志做范本，学习做封面封底，学习做目录设计。她的话让我眼前一亮，三天后，我们师生五人通过加班制作了薄薄的初稿。我发电子稿样刊请公关学院的王教授初审，教授建议我除了自己的游记，还可以补充其他专业课老师的一些作品充实一下系刊内容。

第二天，我找到教素描的成老师，他写的《屏山之夜》宛如其笔下的中国水墨山水画，美的清新、简约，层次分明而又意境深远。第二轮电子版初稿完成后，我把我想编书的想法告诉了系部领导。系主任冯教授和书记胡教授都积极支持，特别是在看了我印刷好的样刊后，还建议我加进学生的美术作品作插图。

我把领导们的建议与学生们进行了沟通，一想到自己的作品有可能编进系刊，并且作为一本刊物永久留传下来，这些大孩子们都是眉飞色舞，兴奋不已。他们把平时学到的电脑知识发挥到了极致，迅速动手制作，一张张饱含学生灵感和思想的精美页面逐步成型。但这些页面的设计因为没有统一格式，所以显得有些凌乱，系主任提醒我们找系部的计算机专业人才胡老师指导，统一一下个人页面设计的模板。于是，第四版样稿面世了。

我把电子版发给在外地读大三的女儿，孩子给我提出了很好的建议，她说游记是过去的记录，美术版个人页面展示的是学生个人的艺术特色，你作为辅导员，还要在书的内容里有展望未来的寄语。看到要离开学院离开我的学生，朝夕相处的两年时间让师生结下了美好情缘。我把不舍留在心底，把对学生寄予的厚望演绎成文字，这样，书的内容又多了临别赠言。

五次易稿，刊物基本成型。学生离别在即，谁帮我写序，谁帮我审稿，谁帮我印刷，一连串的难题围绕着我。正在焦头烂额之时，偏又接到父亲病危的通知。整整一个星期，我都陪在医院，照顾、护理、谈心、安慰。心脏病患者的陪护工作十分重要。当着父亲的面，我一直保持微笑。转过身去，我泪珠儿在眼眶里打滚。我的学生在学院等着我，我的新书在电脑里等着我。我对自己说，含着眼泪奔跑的人，是大写的人。我一定要坚强，咬紧牙关挺住，让父亲走出心脏病危及生命的阴影，让我们全院师生多月辛苦的付出结出甘甜的果实。

感谢我的学长——资阳区文联副主席夏汗青老师，不仅为我们的新书欣然作序，还兴趣盎然地给全院学生作了一次精彩的文学演讲。农民作家登上高校讲堂，一时成为益阳文坛佳话。市委宣传部把这个活动纳入益阳市“六个一”文化工程推介，本地多家媒体采访了夏主席。

如果新序作成算是第六次改版的话，那么，我校学报主编罗孟冬教授校稿定稿应该是第七次改版了。定稿后找印刷厂，去了四五趟。有一次去印刷厂，返校时又跑了广告制作公司，下车时头碰到车顶，起了个大疙瘩，痛得我弯着腰，不能稳稳地走路。回宿舍室友包了饺子，要我吃，可是我头晕得很厉害，怎么也吃不下。那天下午哪里都没去，整整躺了四个多小时，没有撞傻还是我的福气。

书的印刷费用也让我头痛。因为是生信系的内部刊物，又不能公开发行，院部不会提供费用资助。但箭在弦上，不得不发。关键时刻，系部慷慨出手，请联合办学单位的谢总解了我的燃眉之急，书的印刷质量也得到了保证。

第八次改版后，纸质书就成型了，拿回来给胡书记和蔡院长看。他们又提了一些意见。

最后开印之前的定稿，是我跟广告公司的老板一起，一个版面一个版面的校核。广告公司排版不像印刷厂，有些汉字版面上没有。审来审去，可能还会漏掉什么。只隔半个月学生就要离校了，我们把书送到长沙开印，环艺班的毕业照也印到了书的首页。一周后，新书送到学院。学生人手一本，图书馆存放四本。

我们的书虽然是系部刊物，但是每一个环节我们都没有马虎。这本书凝聚了环艺师生的心血，凝聚了益阳职院教师群体的心血。我们的新书得到了学生和老师的一致好评。虽然我也清楚地知道我们的书还有瑕疵，但当我把它拿在手里，我感觉到了拥抱新生儿的欣喜。我的伤痛、我的眼泪、我的遭遇都变成了过往烟云，变成了丰富的精神食粮。在成书的路上，我们师生一路辛苦，一路逍遥。愿把我们最美好的时光凝聚成灿烂的暖阳，去照耀每一个读者的未来。

男寝的晚宴

辅导员日常工作里，有查晚寝这一项工作。学生们回到寝室，休息和娱乐就是寝室文化。在这里，可以了解大学生的人生观、世界观和恋爱观。寝室里比较随意，老师和学生朋友似的聊天，师生感情增进。老师可以校正大学生错误的思想动态，学生的特长也值得老师学习。

本学期到了11月份，大三的学生面临顶岗实习，要离开学院了。某个星期四的晚上，我进男寝查寝，学生正在聚会，以晚宴的形式聚会。说是晚宴，其实就是一张桌上放着一些瓜子、糖果等，旁边摆放着一些饮料。看到老师来了，有个学生让开一个座位，坐到床沿上去了。班长扶着我的双肩，像照顾自己的母亲一样，让我坐到凳子上。首先就是一轮干杯，离别的酸楚浸润我的心口。那些儿子般的大男孩，装作感觉不到我的情绪的变化，乐呵呵的跟我聊天。“老师，你到时要来我们家玩哦！我们家里有大鱼塘，能够让老师吃新鲜的鱼。”这个淘气包，居然还知道我喜欢吃鱼。我的心里洋溢着满满的感动，虽然还没有打算跑到很遥远的贵州吃鱼。“老师，我真的选错了专业。”爱唱歌的项同学气鼓鼓地对我说。因为他从小喜欢唱歌，也得过一些奖，可是父母都说唱歌不能当饭吃，还是好好读书吧！高考后，成绩不理想，填了服从录取的志愿，结果读完了两年半的环艺专业。用他自己的话说，瞎混了两年多。人啊，总会有身不由己的时候，做自己不喜欢做的事，等到自己明白的时候，只能追悔莫及了。我很同情地望着项同学，这个单纯的贵州学生，劝说他要相信前程的美好，努力就会有希望。坐在一起的还有一个来自广州的邻班男生，他的家境富裕，在学院是那种很大方的男生。记得曾经有一次，他为了帮同寝室的一个同学说话，被社会上的青年误伤，帅气的脸上挂了花。后来，我问他以后不会再出头了吧？他摇摇头，否定我的说法。其实老师也知道他是正义感很强的青年，故意逗他一下。他这时说得最多的就是我们师生一起编的系刊。他说如果他们专业也能编一本，那该多好。成书的时间越长，故事越多，师生的记忆越深刻。他很健谈，他说起了父母，说起了自己在广州的生活，说起自己去香港做小生意的经历。他的见多识广让我感受到城市青年的丰富阅历。

城市里教育资源的优化，城市文化底蕴的厚重，这些软环境让来自城市的大学生有了自己不同的精神面貌。当然，农村来的大学生优秀的也很多。比如虎同学，正如他的名字，长着虎牙，十分帅气。这位来自云南的大男孩身上凝聚着大山的刚毅与纯朴。有一次，黄昏时分，我在校园里碰到他。他手里拿着两个蒸熟的红薯，看到老师，硬是要分一个给老师。虽然一个红薯值不了多少钱，但是我估计这是他为自己安排的晚餐。这位来自农村的大学生，家里还有一对双胞胎弟弟在读小学，靠父亲一个人支撑着家庭，母亲要照顾两个弟弟。虽然家境贫寒，但是作为班长，却两次把评助学金的机会让给了别人。虎同学平静地对在场的同学说，大家都要好好珍爱生命，珍惜生活。他说去年寒假的时候，他牵着自己家里的牛翻山。在半山腰，牛突然不听使唤，发疯似的往山下狂奔。缰绳挂着他的脚，将他拖翻在地。如果不是父亲及时赶到，已经昏倒在地上的他不可能及时被送到医院抢救。他平静地说道："如果那样，你可能看不到我啦!"他的一席话让我感觉自己的心紧了紧。生活啊！你总是考验着男人的坚强，考验着女人的智慧；生活啊！你也要学会太阳的普照，让我的贫寒学生得到更多实现梦想的机会。我无法用任何语言来安慰这个男孩。端起饮料，和他干杯，祝福他前程似锦，平安快乐！这时候，桌上吃的东西差不多没有了。只看到功同学从外面回寝室，带着一大包吃的。原来他在趁我们聊天的时候，跑到外面补货去了。他拿出几包吃的，塞到我手里。又拿出一包，撕开放在我面前，"老师尽管吃!"他笑着招呼我。上学期，因为寝室的卫生问题，我狠狠地批评过他一次。当时他态度很不好，我也没控制好情绪，闹得很不愉快。一个学期里，我们都十分谨慎的相处，说的话很少。今天他一反常态，表现出极大的热情。"老师，我还想吃你做的饭。"他的话打断我的回忆，我记得他们入校不久，有一个室友得了急性阑尾炎。安排这个学生住进医院后，我回家做了红烧鸡肉，给陪护的两个同学送到了医院，其中就有功同学。他们两个都说很好吃，恐怕他们的赞扬是我这个职业女性能听到的最美的关于家务活的好评吧！离别来临了，朝夕相处的我们内心有许多不舍，虽然我们都不说，可还是会用与平日不同的行动表达。比如今日的晚宴。这些触动让我的眼睛湿润，就像班上的美女珍同学，这一段时间，只要碰到我，就挽着我的手臂，生怕我跑了似的。她总是跟我讲：“老师，我舍不得你，我舍不得离开学院。”我总是乐呵呵的对她说：“你个傻孩子，离别是为了更美好的相聚。”可是单纯的珍同学可能永远也不会知道，夜深人静的时候，我也会默默地流泪。我也同样舍不得他们离开我。学会感恩离别，学会微笑离别，这也是成长。世上的聚散，正如大自然的阴晴，都是最平常的事罢了。

男寝的晚宴，让我披星戴月回宿舍，让我又有了一个感动的夜晚。人生，多么美好。教育之路，是一条盛开鲜花的路，我们都会感受到芬芳。

师生情

隶属于贵州毕节地区的黔西县，离湖南益阳职院真的很远很远。

今年 5 月份，我去过一次黔西。先坐大巴到长沙，再坐普快到贵阳，最后再坐大巴到黔西。千里迢迢，爬山涉水。美丽的黔西县城、美味的黔西烤鱼、纯朴的黔西民风，给了远行的游客意外的收获、真实的感动。9 月份开学，班上竟然有两名学生来自黔西。看来，黔西和我已经有了很深的缘分了。

9 月份的军训，是学院给大一新生的第一个见面礼。黔西大山来的孩子，勤勉踏实，小袁同学就在军训中脱颖而出。每天给同学搬水的是他，每天第一个到训练场的是他，每天鼓励同学坚持锻炼的是他。或许是天意吧！上天冥冥之中感应到我对朴实美丽的黔西的虔诚膜拜，才把大山里纯真的孩子小袁送到我的身边。9 月中旬学院结束军训，正式开始上课。通过所有同学的投票选举，小袁成为 16 级环艺班的班长。他在一学期里的成长和表现是非常出色的，他得到了所有老师的认可。

记得开学后调整专业，班上又来了几名其他专业的学生。转专业手续繁琐，小袁带着几个新同学满校园的跑。有一次我在一教学楼碰到他，他满头大汗，用手抹着额头上的汗珠。我递给他一张餐巾纸，他笑了笑说：“老师，我没事，不要用餐巾纸。”从那以后，袁同学对我说得最多的就是这句话：老师，我没事。大山教会他用刚毅去解决他遇到的所有难题。

还记得 10 月份的时候，班上来了一名贵州的女生。在来益阳职院之前，这名女生已经转来转去跑了几所学校，复读学校看不到希望，自考培训学校又没有全日制学籍，所以姗姗来迟。频繁转校使她产生了压力，所以她来到我们班上时是小心翼翼的，有些惶恐。记得她第一天来校，我自己动手做了中餐，要小袁带着她到我家里吃饭。女生很害羞，不怎么夹菜。吃饭的时候，小袁大方地给女生夹菜，要她多吃点。那个情景让我想起了我那个憨厚的表哥，多年前还在读高中的时候，表哥和我在同一所学校，姨妈让表哥接我去他们家过周末，表哥给我带了雨鞋，还跟班主任肖老师请好假。现在阿姨都已经去世了，表哥在城市里开三轮车养活一家人，对我还是很照顾。所以，小袁的夹菜让我很感动。我觉得这并非男生对女生的热情，而是作为班长对同学无私的关心，是一种欢迎新同学到来的真诚和礼貌。

当然，人都会犯错。在准备国学经典节目时，我曾经很严厉的批评过小袁。环艺专业是一个目前在社会上很受欢迎的专业，室内设计将来会走艺术化的风格。绘画是艺术的表达形式，人文底蕴是艺术的灵魂。所以，我总是要求环艺学生增强人文底蕴。在准备国学经典节目时，来自大山深处、缺少音乐熏陶的袁同学感到了困惑。一再推迟节目的排练，推脱布置的工作任务。我有些生气，严肃地批评了他。后来，他给我发了一条很长的短信，说他没有得到过什么音乐熏陶，实在做不了这个工作，甚至有辞去班长的想法。我给他回了一条更长的短信。开头就写，不是名师出高徒，而是严师出高徒。我也做了自我批评，批评自己在工作中没有很好的控制自己的情绪，没有和班长很好的沟通。我和他见面谈心，把强调人文底蕴对绘画的作用仔细的解说了很久。小袁听懂了我的话，不但没有再提出辞职，工作也比以前更卖力。

我们的节目在系部初选时选上了，后来因为人数不够多等多方面原因没有到院部参赛。但是系学工办领导让我们保留这个节目，说明年有机会再演出。同学们准备了很长的时间，买好了漂亮的班服，但是没有一个同学为此沮丧。对于系部的意见，我们都没有异议。因为我们追求的是参与的过程，而不是结果。大家在排练节目时感受到了旋律的美，感受到了古典文学的美，感受到了器乐的美，更重要的是环艺班师生共同创作之美。

每一天的工作我都很享受。环艺班 23 个学生就是我的 23 个孩子。他们各有特征，但是他们都很尊敬我，都很善待我。环艺班是系部的优秀班级，班委会主要干部都是系部的优秀干部。所以，我没有任何理由不爱我的环艺学生。

当看到这些来自天南海北的学生，在益阳职院的图书馆安静阅读时，我会感觉自己的工作虽然平凡，但是我的影响力已经辐射到大江南北。我的学生们会把我的理念带到祖国各地，这让我在图书馆陪他们看书时也会露出会心的微笑。我会走进高等数学老师讲课的课堂，点评年轻帅气的高数老师的课；我会走进英语老师的课堂，和大学生一起重温英语语法；我更多的是走进专业课老师的课堂，看环艺学生的专业素养有没有提高。当然，也会有个别问题学生，需要我做更多耐心细致的思想工作。

放寒假了，心里空空的。因为我习惯了三点一线的这种简单而又丰富的校园生活。小袁他们好像看出了我的焦虑，说："老师，你来我们家乡吧！那里山清水秀，老师去了我们那里可以写出更多的游记。"还有什么语言比这种邀请更能打动我，我的眼睛湿润了。师生的情怀是纯洁的、真诚的，我们都在成长。

16级环艺班有一位女生，长得很清秀，也很聪明，但是可能脾气有点不太好，和同学老师相处有不和谐的地方。在城市的独生子女群里，这些孩子身上都有被溺爱的痕迹，过多的关爱会让孩子养成唯我独尊的个性。一个人，如果不能设身处地的为周围人着想，就很难和周围人和谐相处。这名女生就有类似的心理状态。

第一次和专业课老师发生矛盾后，我把她带到自己的寝室，语重心长谈了一个多小时。刚开始时，她觉得自己受了很多委屈。等我把道理讲清楚后，她笑着离开了。

第二次是没有去上晚自习，后来调查发现，她因为是晚自习和寝室里同学发生了矛盾，情绪非常糟糕，才没有去上课。第二天找她了解情况，她一直说寝室的同学欺负她。后来我找寝室的同学了解，是她自己在寝室里和同学交往时没有设身处地为同学着想，才引发了寝室矛盾。可是这位女生就是走不出自己情绪糟糕的怪圈，还打电话告诉家长说老师和寝室里的同学一起欺负她，理由是这些人都是湖南人。虽然她无端的编织了这种荒唐的理由，但是我没有气愤的批评她，而是要她冷静下来。两个小时之后，她情绪平静下来，想清楚老师这样做是为她好，如果老师清楚了事态，却错在此而责问在彼，那么在接下来相处中，寝室里的室友会有更多的怨气，自己在寝室和同学相处会更痛苦。

所以，要改变一位学生的个性，需要很长的一段时间。比如这位女生，肯定还会有类似的问题出现。成长是需要付出代价的，不痛苦不流泪就不会反思，不学习不自省就不会进步。环艺的学生，人品就是画风，以后走向社会，也是先做人，后做事。老师的责任是传道授业解惑，所以，发现问题就要解决问题，要修正老师自身的错误，也要及时修正学生的错误。在指出学生错误的时候，要有耐心，也要有信心。

十年树木，百年树人。红烛精神，就是无私奉献。推行好的理念，为社会培养合格的社会主义的建设者和接班人。老师关心学生，不仅仅是学生的学习状态，更重要的是学生的思想状态。一个辅导员，在学生出现思想问题时，要及时地处理，用各种各样的办法解决学生的思想矛盾，防止学生出现严重的心理偏差。有些学生的严重问题，在出现之前一定会有先兆。如果发现了先兆问题，及时处理了这些问题，就不会发生重大的事件。这样，就会降低学院的安全事故率，学院的发展平台会更有前景。辅导员要有全局意识，要有大局意识，要在管理好自己班级的同时，协助同年级的辅导员一起搞好系部的工作。

我们辅导员要成为更睿智的思想者。我们和学生一起成长，为了更美好的明天，铸就我们的民族魂。

王正英，女，中共党员，2009 年湖南城市学院毕业，本科学历，文学学士学位，任生物信息工程系 14 环艺 101 班、14 环艺 102 班、16 环艺 101 班辅导员。

心语；架一座心灵的桥梁，放飞梦想！铺一束阳光轨道，寻找快乐！

一个心灵感动另外一个心灵*

有人说，老师是辛勤的园丁，培育美丽的花朵；也有人说，老师是春蚕，劳作到死吐丝方尽；还有人说老师是人类灵魂的工程师，塑造着学生的精神世界。我说都不是！老师就是老师，是一个永远与学生一起学习一起成长的人。孔子曰：“教学相长”。前辈教诲道，老师的职业生涯起于学生健康成长。

也许是缘分让我很荣幸成为一名班主任，回顾这一学期的工作，让我感触颇深。我深切感到：“只有用爱才能交换爱，只有用信任才能交换信任。”一个班主任要得到学生的信任、理解与爱戴，要在学生中树立起自己的威信，要教育好学生，带好班级，就需要在真诚相待的过程中不断学习、不断努力，与学生一起进步、共同成长。

初为人师的我，经常恨铁不成钢，每天为学生中存在的睡懒觉、逃课、抽烟、飙车、通宵上网、不搞卫生等陋习而抓狂。比如班上的黄同学经常被我发现抽烟，他每次都会找各种理由向我解释，面对这种屡教不改的行为，我想说我真的很生气，很想发火，可看到他天真烂漫的眼神我又下不了狠手。在别人眼中也许这就是一个冥顽不灵，甚至是智商有问题的学生，但在我心里他只是个孩子，我希望他一辈子都快快乐乐的生活，也相信“傻人有傻福”。正是这样的心理让我能耐着性子一遍遍和他沟通，慢慢地我也感受到了他对我的依赖和信任。他说我是他读初中以来唯一没被气走的女老师，我把这当做是一种肯定，也对自己提出了更高的要求，我希望能成为照亮他人生道路的老师。

作为班主任我最不喜欢和最喜欢的都是下到寝室，不喜欢是因为每次到寝

---

* 本文作者：蔡伟

室都会发现各种各样的问题，比如卫生不干净、抽烟。喜欢是因为在寝室能接触到学生更真实的一面，离学生更进了一步。让我觉得骄傲的是其他老师眼中的问题学生，能做到不管我说什么都认真听着，我知道这不是因为怕我而是出于尊重我。作为老师，也不能一味的迎合学生，走近学生的同时，也要注重坚定原则，树立威信。我的学生似乎已习惯我发火、习惯被我骂，他们会说我凶起来就像大老虎，我也经常反思是不是要求太严苛。记得军训时有一位同学被我发现逃避军训，躲在寝室睡觉，当时我让他在外面趴了半个小时，可能是天气太热受不了了，也可能是觉得这点小错不值得我这样严肃处理，当下他站起来把衣服一脱就说不读了，然后撒腿就跑回家。可没过多久他又回来了，说还想读书，并且从那刻起就很听我的话。这名学生的情况比较特殊，初中没毕业就到社会上混了一年，身上到处都是刀疤，他说是打架留下的，甚至在家经常会和爸爸打架。说实话作为一个女班主任面对这样的学生多少还是有点畏惧的，可没想到他居然在我面前服服帖帖，这也是我成功的第一步吧！

至于学生，他们最不喜欢的应该是我去查课吧，于是和我斗智斗勇，上课想方设法的玩手机，可他们面对的是一个学过侦查学的老师，他们每一个小小的举动或是眼神我都一清二楚，上课玩手机的同学被我一抓一个准。有时看到学生从睡梦中醒来睁眼发现是我站在面前露出一脸惊悚的表情也会觉得好笑，我笑，学生也跟着起哄。但每一次违纪的行为我都会认真处理，绝不姑息。上课嚼槟榔我会罚打扫教室卫生，倒宿舍整个楼层的垃圾；晚自习有人吵闹我会把全班学生留在教室认真反思来学校的目的，有怎样的收获。而我听得最多的就是我的学生变得爱干净了，以前在家什么都没干过吃个饭也需要爸妈左叫右叫，现在看到老师就知道自己要干什么了。有时我也担心学生不能理解老师为何要求这么严格，但在和学生的交流中我发现更多的学生是很想做好每件事，可有时却情不自禁，控制不住自己，这让我明白每一个人都需要鞭策和监督。最让人欣慰的是，我的付出和坚持得到了回报，严格的要求换来了学生良好行为习惯的养成。在全院的寝室文化节中，8 栋的 310 寝室获得了全院一等奖，因为一如既往的干净和整洁得到了院部的重点表扬，并作为示范寝室在全院推广，而我更看重的是学生已经把我高标准的要求内化为自己行为的准则。

学生发生违纪事件，我也会反思自己工作中的不足。记得军训结束后的第一个周末班长带着学生出去吃饭，因为喝了啤酒被系部小分队的干部发现，十几个人站在教学楼前被训话。发生集体违纪的事件，我第一个反应是：这是我工作的失职！学生出去喝酒而我作为班主任是系部已经处理之后才知道，更让我不能接受的是喝酒的这些同学多数为班干部，从那刻起我深刻的反思，意识到必须要改变自己的工作方法，重视对班级干部的培养。班干部是班级的核心，对班级管理有着非常重要的作用。班级管理的重中之重是团结班上的同学，提高班级凝集力，让班上的同学在生活上成为好朋友、好哥们。为此，我经常组织学生举行集体活动，正是在一次次的活动中大家畅所欲言、互帮互助，感情慢慢加深，也因此，每个学生都想为班级争光，而我所带的班级在系部的班级评比中也一直排名领先。

其实每一个学生都是很可爱的，虽然他们的成绩可能差强人意，但他会是其它方面的能手。记得上学期学院举行班级篮球赛，刚开始班级没几个人报名参加甚至差点弃权，本着要让学生尽可能多的参加活动，丰富校园经历的想法，我半劝半哄半强迫的拉出了一支队伍，等上了球场才发现有不少篮球能手。比如尹同学经常因为迟到被我惩罚打扫卫生，已至后来犯错会主动提出“老师你不要生气，我搞卫生好吗?”当时心里是又很气又好笑，但也不得不承认，我因此培养出了一位打扫卫生的能手。我知道作为老师，没有赌气的权利，没有发脾气的专长，有时候很想生气可看到不听话的学生也有可爱的一面我心里会暗暗地高兴，他们会为我着想，也让我很欣慰。最重要的是在学生进步的同时，我也从他们身上学会了宽容、理解、鼓励，当然还有善良。

作为中职班主任需要有强大的心理素质。都说班主任工作是一个以学校为家的工作，和学生在一起的时间比任何人都要长，学生的一切生活习惯都在我们的掌握之下。从早上 7 点 30 分下到寝室督促学生按时起床，一个一个寝室的检查内务整理，到晚上 10 点确保所有学生按时就寝才算结束一天的工作，手机更是必须确保 24 小时开机以应对随时可能发生的突发事件。最好笑的是学生会以各种层出不穷的理由来找你请假，这时又是考验班主任灵活度的时候，要学会如何拒绝。第一次从事繁杂的学生工作，总体还算适应，也许是和我多年来的管理工作经验有关，使我在工作中不至于被动，发生事情的时候不至于手足无措。在这一学期的工作中也慢慢积累了经验，学会不断调整自己的心态。

我从学生身上学到的还有很多，首先，自己都做不到的事情，绝对不要去苛责学生做到。毕竟他们还是十五六岁的孩子。如果要求学生要做到的，首先自己一定要做到，这是作为一个中职班主任应该具备的觉悟。其次，老师要有平等的意识。处于青春期的学生，出现的问题是最多的，如不加以正确的引导，就容易走上歧途。而这时老师应以“过来人”的心态，以朋友的身份去聆听他们的心声，与学生处于同一条线上，这样学生就不会感到有压力，愿意向你倾吐，你就能加以引导。每一位孩子都渴望得到他人的理解和尊重，尤其是老师的理解和尊重。离开了平等、理解和尊重同样也谈不上教育。最后，别用过去的经验教育今天的学生。80 后和 90 后不一样，90 后和 00 后也不一样，所以我不会用以前强制的教育观念去教育学生，现在的学生思想和以前大不相同，他们都有自己的想法，学校的制度很难约束他们，只能通过晓之以理、动之以情使他们慢慢改变。

可以说一路走来，是学生教会了我如何做老师。越是调皮的学生，越是棘手的事件，给我的启迪和帮助越大。老师的成长是永无止境的，我还需要继续和我的学生一起成长。

蔡伟，女，共青团员，2010 年 6 月湖南警察学院大学毕业，任中职部汽检 16301、16302 班班主任 。

心语：教育就是一朵云推动另外一朵云，一棵树摇动另外一棵树，一个心灵感动另外一个心灵。

第四编 04

芝麻开门

政策是行动的指南，制度是行动的准则。无规矩不成方圆，只有这样工作才会少走弯路。这几年，学院秉持“规则在前，制度在上”的理念，从实际出发，不断完善了学生工作制度。而规则制定与完善的过程，是学生工作探索与进步的过程，反映了学院学生工作的轨迹。辅导员工作千头万绪，辅导员要求与时俱进。普通与特殊，个别与一般，在岗位上只有把握准绳，认准方向才会勇往直前。

益阳职业技术学院
辅导员、班主任队伍建设实施意见

益职院发〔2014〕64号

为更好地适应新形势下学生思想政治教育的需要，切实做好青年学生的思想政治教育工作，加强我院辅导员、班主任队伍建设，依据中共中央国务院《关于进一步加强和改进大学生思想政治教育的意见》（中发〔2004〕16号）、教育部《普通高等学校辅导员队伍建设规定》（教育部第24号令）、教育部党组《关于进一步加强高等学校学生思想政治工作队伍建设的若干意见》和《中共湖南省委省政府关于进一步加强和改进大学生思想教育的实施意见》（湘发〔2005〕8号）有关精神，结合我院实际，制定本实施意见。

一、辅导员、班主任定位

1. 辅导员、班主任是学院教师队伍和管理队伍的重要组成部分，具有教师和干部的双重身份。辅导员、班主任是开展大学生思想政治教育的骨干力量，是学院学生日常思想政治教育和管理工作的组织者、实施者和指导者。

2. 辅导员、班主任的组成：由专职辅导员、专职班主任和兼职班主任组成。

3. 学院严格执行“任期内必须担任过一届（连续三年或五年）合格辅导员、班主任工作才能晋升职称（本身从事学生工作的例外）的规定”。

4. 专职辅导员负责管理高职学生，专职班主任负责管理初中起点学生，专任教师兼任高职班班主任称兼职班主任。

二、辅导员、班主任工作职责

1. 专职辅导员工作职责

（1）辅导员在学生处、系部领导下组织开展所辖班级学生工作，全面负责所辖班级学生的思想品德、行为规范、专业学习、第二课堂活动工作的指导和组织管理，培养学生树立正确的世界观、人生观和价值观。

（2）深入了解学生，做学生的良师益友，全面了解学生的思想特点、学业成绩、综合素质、性格特征、家庭情况等，关心学生成长，帮助学生解决实际困难，培养学生的健康心理素质和健全的人格。

（3）重视所辖班级学生的思想道德建设，经常性开展爱国主义教育、公民道德行为规范教育、心理健康教育和法纪教育，提高学生的思想政治素质。

（4）实行坐班（值班）制，做好学生日常管理。积极贯彻《益阳职业技术学院学生管理规定》，建立健全班级规章制度，指导班委会和团支部开展工作，培养学生干部，提高学生的自我管理能力。定期召开所辖班级学生大会和干部会议，每月不少于两次。每周至少两次检查学生宿舍、轮流值班（以行政值周领导考勤为准），检查记载卫生、纪律和安全情况。每天至少检查记载学生到课率一次、每期至少和 1/3 的学生谈过心、每期和 1/3 学生家长至少沟通联系一次并有记录。经常对学生进行安全知识教育，及时了解和处理所辖班级学生违纪和突发事件，给出处理意见。

（5）参加学院、系部组织的辅导员各种会议，每月向系部汇报工作情况不得少于两次。根据总体要求和系部学生工作要点，制定所辖班级工作计划、总结和相关制度。认真总结、分析、研究学生工作，详细填写《辅导员工作手册》《学生谈话记录》《学生家长联系记录》等资料。各项管理资料保持完好、上交及时。

（6）有计划地组织并指导所辖班级学生开展科技创新、体育比赛、文化娱乐及社团活动，组织指导学生的社会实践、青年志愿者活动等，活跃学生校园生活，全面拓展学生素质。

（7）协助党、团组织做好学生入党、入团积极分子的考察、培养和发展工作。

（8）坚持实事求是原则，公平、公正、公开的做好评奖、推优工作。认真做好学生素质综合测评工作。

（9）办理所辖班级学生病、事假等日常事务性工作。

（10）关心学生身心健康，特别是帮助解决有心理疾病、家庭经济困难学生的学习生活问题。教育和引导学生树立自信、自强、自立意识。做好学费减免、困难补助、助学等贫困生资助工作。

（11）根据学院要求，抓好入学教育、军训、学籍管理、择业就业引导、上报数据等工作，确保新生顺利入学和毕业生文明离校，积极配合相关部门做好毕业生就业指导及就业跟踪调查工作。

（12）完成学院和系部安排的其他工作任务。

2. 专职班主任工作职责

（1）认真贯彻党的教育方针，指导学生树立正确的世界观、人生观和价值观，执行学院的各项决定。

（2）指导和组织班级学生开展工作，加强学生干部培养，着力培养学生自我教育、自我管理、自我服务的能力。每周召开一次班会、每月召开一次班干部会。

（3）全面关心学生思想、学习、生活，了解学生情况，给学生做耐心细致的思想政治工作，确保正常的巩固率。深入学生课堂和宿舍，参加学生升旗活动，必须每天下到学生宿舍，每学期与所在班级每个学生谈心不少于一次并做好记录。

（4）认真抓好学风建设，帮助学生明确学习目的，端正学习态度，严格学习纪律。

（5）加强对学生的公民道德教育和法纪规章教育，严格日常管理，引导学生遵纪守法，树立集体意识和为人民服务的思想，倡导团结友爱、文明向上的良好班风，并配合系部、学生保卫处对有关违纪事件、突发性事件的处理。

（6）关爱家庭经济困难和有心理障碍的学生。引导他们正确对待和处理思想上、学习上、生活上的问题，为他们排忧解难。

（7）做好学生德、智、体、美等方面的操行考核和评奖推优工作，填写好学生学年鉴定表，做好学生学费催缴等工作。

（8）积极配合学生保卫处、团委、招生就业处等职能部门开展工作。

（9）制定年度班级工作计划，作好班主任工作总结和班级学生学籍档案填写与整理工作。

（10）完成学院和系部安排的其他工作任务。

3. 兼职班主任工作职责

（1）认真贯彻党的教育方针，积极开展大学生思想政治教育工作，引导学生树立正确的世界观、人生观和价值观。

（2）对学生进行学习目的、学习态度、专业倾向等方面的教育，建立良好的班风、学风，使他们成为德、智、体、美全面发展的适应生产、服务、建设、管理一线需要的高素质高技能型人才。

（3）了解学生的思想动态、生活状况和道德品质等方面的情况，及时发现问题并及时教育处理，消除不良隐患。

（4）培养选拔班团干部，指导班委会和团支部开展工作，充分发挥学生干部的自我管理、自我教育、自我服务的作用，并积极向学生会、团委推荐学生干部。每两周召开一次班委会、团支部干部会议。

（5）参与学生健康教育、心理危机干预和就业指导等工作。

（6）组织并参与所带班级学生开展内容丰富、形式多样的课外活动。

（7）每学期填写《益阳职业技术学院班主任工作情况登记表》。

（8）完成学院和系部安排的其它工作任务。

三、辅导员、班主任配备

1. 三年高职学生和五年高职四、五年级学生实行专职辅导员加兼职班主任的管理模式，专职辅导员数原则上按学生数 1∶180 的比例配备，同时，每个班级再配备一名兼职班主任。

2. 五年高职一、二、三年级学生和中职学生实行专职班主任管理模式，按学生数 1∶50 的比例配备。

四、辅导员、班主任的聘任

1. 聘任原则

按需设岗，竞聘上岗；以岗定薪，优劳优酬；严格考核，合约管理。

2. 聘任条件

（1）思想政治觉悟高、综合素质好，忠诚党的教育事业，道德品质良好，能以身作则，为人师表，服从组织，服从领导，服从安排。

（2）热爱学生工作，关心学生成长，爱岗敬业，有事业心、责任感；工作勤奋踏实，作风正派，无违法乱纪史。

（3）具有较强的组织、协调和解决问题的能力，有较好的语言表达和沟通能力，形象气质适合做教育工作，身体健康。

（4）原则上具有全日制本科及以上学历，特殊情况报学院审批。

（5）能按学院要求坐（值）班。

（6）同等条件下党员和有相关专业、艺术、体育专长者优先。

3. 聘任程序

各系部将所需辅导员、班主任数报学生处汇总——学院组织人事处审定、公布聘任职数、本人申请、资格审查——学生处、系部笔试面试——组织人事处公示、审批聘用——学生处组织培训——上岗试用（试用期原则上为一学期）

4. 聘用期限

每次聘任期限一届，时间为三年或五年

5. 续聘和解聘

（1）续聘包括两种，学年续聘和届满续聘。学年年度考核总评合格及以上者，续聘为下一学年度辅导员、班主任；连续三年（即一届）考核总评良好及以上者，在“平等自主、双向选择”的基础上，可直接续聘下一届辅导员、班主任。

（2）学期或学年度考核总评为不合格的，无故旷工三天以上或事假超过一个月或因身体健康原因无法坚持正常工作的，由系部出具书面意见，学生处审核后报组织人事处予以辞退；因本人原因（如健康状况等）要求解聘，必须在30天前向所在系部和学生处提出书面申请，否则学院将追究相关责任。

（3）有以下情况之一者可提前解聘：试用期内考核不合格的；一个学期内系部月度考核两次不合格的；出现重大过错的；其他情形不适合继续工作的。由系部出具书面意见，学生处审核报学院组织人事处，可提前解除聘用合同。

五、辅导员、班主任待遇

1. 政治待遇

（1）将辅导员培养纳入学院师资培训规划和人才培养计划，享受专任教师培养同等待遇。有计划地通过在职培训和脱产进修等办法，提高其思想政治水平和业务水平。

（2）学院把辅导员队伍作为学院后备干部培养和选拔。团委书记、学生管理队伍负责人一般应从辅导员队伍中产生。

（3）辅导员连续工作满五年，每年考核良好以上，经学院党委研究通过，应享受副科级工资待遇，满八年，应享受正科级工资待遇。

2. 经济待遇

（1）学院将辅导员、班主任工资、津贴（含有编制的辅导员、班主任）根据各系人数按规定标准统一包干拨到系部，由系部对辅导员、班主任每月考核后核定发放。

（2）各系根据需要可对外选聘辅导员、班主任，报人事处批准后，编外辅导员、班主任每月 700 元基本工资部分由学院承担（一年按 12 个月计发）。具备研究生学历和讲师及以上职称教师担任专职辅导员、班主任其工资津贴差额部分由学院承担。

（3）根据学院教学工作的需要，有教师资格证的专职辅导员、班主任优先安排一定的教学任务，但周课时原则上不得超过六课时，授课待遇按学院有关规定执行。

（4）优秀辅导员的表彰与奖励按学院有关规定执行。

六、辅导员、班主任的考核

1. 学生处牵头负责全院辅导员、班主任的管理工作，各系部负责具体管理考核。

2. 辅导员、班主任的月度考核管理细则由各系部制定并报学生处备案。各系部每学期至少要召开两次学生和任课老师座谈会，深入了解辅导员的工作状况，座谈记录与月考核材料一并存档。

3. 学年考核按《益阳职业技术学院辅导员工作量化考核办法》实行，以作为辅导员、班主任奖惩、续（解）聘与否的依据。年度考核不合格所辖班级出现重大事故的，由所在系部提出意见，学生处审核，可部分直至全部扣除其津贴；情节严重的或不能胜任辅导员、班主任工作的，由系部出具书面意见，学院予以解聘。其中给学院利益造成损失或触及法纪责任的，除提前解聘外，学院将依法追究其相应的责任。

4. 外聘辅导员、班主任是党员的，原则上参与所在组织民主生活会和各类学习活动。

七、本实施意见由学保处、组织宣传人事处负责解释，从2014年9月份开始实施。

益阳职业技术学院

2014年10月27日

益阳职业技术学院辅导员（班主任）管理规定

益职院发〔2014〕72 号

为增强辅导员（班主任）工作责任心，提高工作积极性和工作质量，结合我院已实行院系二级管理的实际，特制定本规定：

一、对辅导员（班主任）的待遇进行合理调整

1. 聘任制辅导员（班主任）工资津贴调整为三部分。（略）

2. 在编在岗辅导员（班主任）的工资津贴按学院相关文件计算，但津贴中必须拿出 450 元/月作为浮动津贴进行量化考核后计发（全年按 10 个月计算）。

二、辅导员（班主任）固定津贴计算办法

1. 专职辅导员带满高职人数 180 人为满工作量（原则上超过人数不能多于 20 人），人数不够或人数超过的按 4 元/人/月计减/超工作量。

2. 专职班主任带满中职人数 50 人为满工作量（原则上超过人数不能多于 10 人），人数不够或人数超过的按 10 元/人/月计减/超工作量。其中男生系数 1.1，女生系数 1。

3. 高职班原则上推行辅导员加兼职班主任的管理模式，由各系根据各系具体情况确定。

4. 各系因缺少辅导员而配备的单独管理一个班的兼职班主任每月只发放浮动津贴（中职兼职班主任按原来规定执行，每月 1050 元），发放方式依据辅导员（班主任）浮动津贴量化考核办法执行。

三、辅导员（班主任）浮动津贴量化考核细则指导性原则

1. 考核细则由各系制定，报学生保卫处批准后执行，各系制定的细则应包括材料上交、教室卫生评比、宿舍卫生评比、校园公共区域责任区卫生评比、晚自习、系学生会组织的检查评比班级排名（中高职是否分开排名由系部自行确定）、到课率、缴费率、就寝率、学生违纪、学生活动开展、辅导员（班主任）出勤等12项内容和系部考虑应该考核的其他内容。

2. 各系每月对辅导员（班主任）考核一次，每月底将考核结果（含辅导员班主任浮动津贴发放金额）报学生保卫处备案，并经学生保卫处处长和主管学生工作的副院长签字后交组织人事处发放。

3. 全年分两次考核每位辅导员（班主任）所带班级的综合流失率。高职班与中职班分开统计考核，流失率高职5%、中职8%以上的班级，由系给予一定的经济处罚，报学保处备案（开除、劝退、当兵、休学学生不计算流失率）。

4. 学院领导和学生保卫处工作人员发现辅导员（班主任）未履行职责，可及时向系通报，经学生保卫处长会同系主任核定后，可直接对辅导员班主任予以处罚，由系从辅导员（班主任）当月的浮动津贴中扣罚。

5. 辅导员（班主任）所带班级学生实习后，由各系根据具体情况确定津贴标准，由系考核后发放。系每月考核一次，每月将考核结果（含辅导员班主任浮动津贴发放金额）报学生保卫处备案，并经学生保卫处处长和主管学生工作的副院长签字后交组织人事处发放，考核内容应包括建立班级QQ群，每两个月与所有学生联系一次且有记录，整理毕业生离校清单与毕业生档案，毕业生返校期间安全稳定等四项内容和系考虑应该考核的其他内容。

6. 毕业生返校期间发生下列事件，直接对毕业班辅导员班主任予以处罚。

（1）毕业生打架及其他群体事件，扣50元/次。

（2）毕业班级发生严重破坏公物未查到当事人的扣50元/次；查到当事人的不予处罚。

（3）宿舍移交有损坏、卫生未打扫的，扣10元/间。

（4）毕业生返校期间发生学生意外死亡，扣除当月全部工资与津贴，且取消当年所有评优评先资格。

四、辅导员、班主任工作职责

1. 专职辅导员工作职责

（1）辅导员在学生处、系部领导下组织开展所辖班级学生工作，全面负责所辖班级学生的思想品德、行为规范、专业学习、第二课堂活动工作的指导和组织管理，协助有关部门组织专题讲座和学术报告，培养学生树立正确的世界观、人生观、价值观和择业观。

（2）深入了解学生，做学生的良师益友，全面了解学生的思想特点、学业成绩、综合素质、性格特征、家庭情况、就业意向、职业生涯规划等，关心学生成长，帮助学生解决实际困难，培养学生的健康心理素质和健全的人格。

（3）重视所辖班级学生的思想道德建设，经常性开展爱国主义教育、公民道德行为规范教育、心理健康教育和法纪教育、安全教育和就业指导，提高学生的思想政治素质。

（4）实行坐班（值班）制，做好学生日常管理。积极贯彻《益阳职业技术学院学生管理规定》，建立健全班级规则与制度，指导班委会和团支部开展工作，培养学生干部，提高学生的自我管理能力。定期召开所辖班级学生大会和干部会议，每月不少于两次。每周至少两次检查学生宿舍、轮流值班（以行政值周领导考勤为准），检查记载卫生、纪律和安全情况。每天至少检查记载学生到课率一次、每期至少和 1/3 的学生谈过心、每期和 1/3 学生家长至少沟通联系一次并有记录。经常对学生进行安全知识教育，及时了解和处理所辖班级学生违纪和突发事件，给出处理意见。

（5）参加学院、系部组织的辅导员各种会议，每月向系部汇报工作情况不得少于两次。根据总体要求和系部学生工作要点，制定所辖班级工作计划、总结和相关制度。认真总结、分析、研究学生工作，详实填写《辅导员工作手册》《学生谈话记录》《学生家长联系记录》等资料。各项管理资料保持完好、上交及时。

（6）有计划地组织并指导所辖班级学生开展科技创新、体育比赛、文化娱乐及社团活动，组织指导学生的社会实践、青年志愿者活动等，活跃学生校园生活，全面拓展学生素质。

（7）协助党、团组织做好学生入党、入团积极分子的考察、培养和发展工作。

（8）坚持实事求是原则，公平、公正、公开的做好评奖、推优工作。认真做好学生素质综合测评工作。

（9）办理所辖班级学生病、事假等日常事务性工作。

（10）关心学生身心健康，特别是帮助解决有心理疾病、家庭经济困难学生的学习生活问题。教育和引导学生树立自信、自强、自立意识。做好学费减免、困难补助、助学等贫困生资助工作。

（11）根据学院要求，抓好入学教育、军训、学籍管理、择业就业引导、上报数据等工作，确保新生顺利入学和毕业生文明离校，积极配合相关部门做好毕业生就业指导及就业跟踪调查工作。

（12）完成学院和系部安排的其他工作任务。

2. 专职班主任工作职责

（1）坚定正确的政治方向。认真贯彻党的教育方针，认真组织学生学习毛泽东思想、邓小平理论、“三个代表”重要思想和科学发展观，学习习近平总书记系列重要讲话精神，指导学生树立正确的世界观、人生观和价值观。认真贯彻党的路线、方针和政策，执行学院的各项决定。

（2）指导和组织班级学生开展工作，加强学生干部培养，着力培养学生自我教育、自我管理、自我服务的能力。每周召开一次班会、每月召开一次班干部会。

（3）全面关心学生思想、学习、生活，了解学生情况，给学生做耐心细致的思想政治工作，确保正常的巩固率。深入学生课堂和宿舍，参加学生升旗活动，必须每天下到学生宿舍，每学期与所在班级每个学生谈心不下于一次并做好记录。

（4）认真抓好学风建设，帮助学生明确学习目的，端正学习态度，严格学习纪律。

（5）加强对学生的公民道德教育和法纪规章教育，严格日常管理，引导学生遵纪守法，树立集体意识和为人民服务的思想，倡导团结友爱、文明向上的良好班风，并配合系部、学生保卫处对有关违纪事件、突发性事件的处理。

（6）关爱家庭经济困难和有心理障碍的学生。引导他们正确对待和处理思想上、学习上、生活上的问题，为他们排忧解难。

（7）做好学生德、智、体、美等方面的操行考核和评奖推优工作，填写好学生学年鉴定表，做好学生学费催缴等工作。

（8）积极配合学生保卫处、团委、招生就业处等职能部门开展工作。

（9）制定年度班级工作计划，作好班主任工作总结和班级学生学籍档案填写与整理工作。

（10）完成学院和系部安排的其他工作任务。

3. 兼职班主任工作职责：协助辅导员完成相应工作，由各系部根据实际情况明确工作职责并报学保处备案。

五、本规定未涉及到的其他事宜参照学院相关文件执行，学院以前下发的有关文件与本规定有冲突的，按本规定执行。

六、本规定从 2014 年 9 月份开始执行，由院学生保卫处负责解释。

益阳职业技术学院

2014 年 12 月 1 日

益阳职业技术学院
中华经典诵读与践行活动实施方案

益职院发〔2015〕27号

为弘扬中华民族优秀的传统文化，促进我院文化内涵的提升，提高学生文化修养，培养学生良好道德品质和行为习惯，促进学生综合素质的提升，学院决定在学生中开展中华经典诵读与践行活动，为确保活动落到实处并取得成效，特制定本实施方案。

一、指导思想

以党的十八大精神为指导，以弘扬社会主义核心价值观为主要目标，充分发挥中华经典在我院的现代德育功能。

二、活动主题

诵读中华经典，弘扬中华传统，践行中华美德，铸就优质人才。

三、组织领导

学院成立中华经典诵读与践行活动领导小组，名单如下：

顾问：谢梅成、蔡建宇

组长：潘访华、杨建华

副组长：杨长虹、周健、崔博文、蔡超强、胡大有、曾朝晖、吴自力

成员：蔡敏、李敏、文小兵、陈瑛、孟慧、欧仕荣、吴庆祥、蒋娅嫦、刘慧予

各系应成立相应的组织机构，以便有效地开展与实施。

四、参加对象

全院所有中职一、二年级及高职一年级学生，有条件的系部可根据本系实际情况推广到其他年级。

五、诵读内容、时间安排及目标标准

（一）诵读内容（见参考书目）

整个经典诵读内容分为五个模块：启蒙经典、劝学励志、诸子百家、爱国治国、寓言故事。（由基础课部编写校本教材，教材编写费用为学生用书费的20%）

中职一年一期必读模块：启蒙经典、劝学励志；

中职一年二期必读模块：诸子百家、爱国治国、寓言故事；

高职学生必读模块：劝学励志、诸子百家、爱国治国、寓言故事。

基础课部根据五个模块准备学术讲座5次（学术讲座为6教学课时/次），各系部根据需要请基础课部教师讲课，课时由各系部报教务处，经费由教务处下拨。

（二）时间安排

学院规定的必读时间为每周一、四第一节晚自习中的前30分钟，周二晚自习各系部可自行组织学生观看《网络公开课》《百家讲坛》、慕课等与诵读内容相关的视频，或者由老师讲解经典等多种研学活动。

（三）目标标准

1. 通过本次活动，使学生初步了解中华经典和中国文化发展的历史进程；

2. 所有参加本次活动学生能在学习和生活中践行经典；

3. 各系部每学期要开展与本主题活动有关的活动2次；并参加院级经典诵读与践行的比赛和活动。

六、实施措施

（一）本次活动实施的主体是各系部，具体方案是在系主任的领导下，各系分管学生工作的负责同志会同各班班主任（辅导员）组织学生参加。尽量保证所有参加的学生每天诵读15分钟，周一、四晚自习是重点研读时间，至少诵读半个小时。每周一、四学生处要组织院学习部做好相关的考勤与记录。

（二）学院积极营造诵读氛围，创造“八条途径”，激发诵读兴趣。

1. 读。在规定的时间内诵读。（各系负责，院学习部负责检查）

2. 听。即听广播，学院广播站开设《经典导读》，播放与经典有关的朗读、赏析等内容；或邀请院外有关专家来校进行经典专题讲座。（学生处团委负责、基础课部配合）

3. 看。看《网络公开课》《百家讲坛》、慕课等与诵读内容相关的视频；通过校园宣传栏、黑板报等形式展示经典佳作佳句。（各系负责）

4. 讲。要求所有中职一年级班级开设的《实用语文》教学计划中增加中华经典的内容，并要求在每学期前面几周讲授。（基础课部负责）

5. 抄。每年10月份组织学生举办经典手抄报比赛。（基础课部负责做方案，学生处负责组织学生并提供比赛经费）

6. 赛。每学期进行一次全院性的中华经典诵读大赛，以竞赛促使学生扩大经典的诵读量。通过活动，检测学生诵读方面的效果，激发学生诵读经典的热情。（基础课部负责策划，各系部负责派队参加，学生处负责比赛经费）

7. 带。建立一支经典诵读社团，从各班挑选优秀学生，选派教师进行定期指导，以点带面。（学生处团委成立社团、基础课部负责社团指导老师，费用由学生处负担）

8. 演。在学院组织的大型文艺活动及其他适当场合增加经典诵读表演节目。（学生处团委负责）

七、督促检查与评价

（一）督查方式

1. 由院学生学习部成立专门检查小组，负责对各系诵读情况进行检查，检查项目包含到勤情况、诵读情况及其他等，检查结果纳入活动考核，定期通报；

2. 学生处团委、基础课部对诵读进行不定期抽查，结果纳入考核。

（二）考评方式

1. 将本次活动结果纳入系部学生管理工作绩效考核；

2. 本次活动采用“查考赛结合”的方式，“查”是平时检查和抽查结果，占40%；“考”是学期末组织一次“笔试”形式的考试或是抽取一部分同学考核，占30%；“赛”是指系部参加院级经典各种比赛的结果，占30%。

益阳职业技术学院

2015年5月26日

附件　“中华经典诵读”推荐篇目（供参考）

一、启蒙经典（共 3 篇）

1. 《弟子规》（节选）

2. 《三字经》

二、四书五经（共 30 篇）

1. 《大学》（第 1 章）

2. 《中庸》（第 4、20、21、22 章）

3. 《论语》（5 篇）

（1）《学而 · 学而时习之六章》（第 1、4、6、14、15、16 章）

（2）《述而 · 志于道八章》（第 3、6、8、12、16、22、34、37 章）

（3）《泰伯 · 任重道远三章》（第 5、7、10 章）

（4）《颜渊 · 成人之美五章》（第 4、16、19、22、24 章）

（5）《子路 · 和而不同九章》（第 6、16、17、19、21、23、24、26、27 章）

4. 《孟子》（5 篇）

（1）《公孙丑上 · 论浩然之气二章》（第 2、6 章）

（2）《滕文公下 · 富贵不能淫一章》（第 2 章）

（3）《离数上 · 得民心者得天下二章》（第 9、10 章）

（4）《告子上 · 舍生取义二章》（第 8、10 章）

（5）《尽心下 · 尽信（书）不如无（书）二章》（第 3、31 章）

5.《礼记》(2 篇)

(1)《不食嗟来之食》

(2)《学记·教学为先》

三、寓言故事(5 篇)

1.《鹬蚌相争》(《战国策》)

2.《愚公移山》(《列子》)

3.《螳螂捕蝉》(《说苑》)

4.《曾子杀猪》(《韩非子》)

5.《朝三暮四》(《庄子》)

四、爱国治国篇(5 篇)

1.《岳阳楼记》(宋·范仲淹)

2.《满江红》(宋·岳飞)

3.《正气歌》(宋·文天祥)

4.《少年中国说》(三、四篇)(清·梁启超)

5.《生于忧患·死于安乐》(孟子)

五、劝学励志篇(5 篇)

1.《劝学》(前 3 节)(荀子)

2.《师说》(韩愈)

3.《孟母戒子》(韩愈)

4.《为学》(清·彭端淑)

5.《得道多助　失道寡助》(《孟子》)

六、经典古诗(3 篇)

1.《游子吟》(孟郊)

2.《水调歌头·明月几时有》(苏轼)

3.《过零丁洋》(文天祥)

益阳职业技术学院
劳动养成教育实施方案

为加强学生的素质教育，提高学生的综合素养，培养学生爱劳动、讲卫生、保护环境的良好行为习惯，经研究决定在全院学生中开展以卫生大扫除为主要内容的劳动养成教育，特制定本方案 。

一、劳动养成教育的目的和意义

劳动创造世界，劳动光荣。校园是学生生活学习的直接场所。开展校园卫生大扫除，人人动手搞卫生，从身边的事做起，从小事做起，有利于提高广大学生的综合素质，帮助他们养成尊重劳动、崇尚劳动、热爱劳动的意识和习惯，培养他们高尚的道德情操；有利于维护学院环境卫生，为师生员工创造良好的学习、工作、生活环境。

二、劳动养成教育的内容与要求

劳动养成教育的内容：以“文明卫生校园”创建为载体、以学院校园卫生大扫除为主要内容，每周二下午组织全院学生开展公共区卫生、教室与实训场所卫生、学生寝室卫生清扫、整治工作。

卫生清扫、整治的要求是：一是明确卫生标准。公共卫生区要做到地面无垃圾、草地无杂草、建筑物及其它立面无牛皮癣 、树林草地无丢弃物等；教室、机房和实训场所要做到场地干净，厕所无臭无垢，桌面台面物面墙面及灯具、电扇、投影仪无灰尘、蛛网，物件和设备摆放整齐；学生寝室要做到干净整洁、窗明几净，用具用品摆放齐整，被套衣服及时清洗、无臭袜子，过道无堆放杂物。二是要责任到人。要做到大家动手，人人有责。落实一人一物一事的管理规则，建立清扫责任区（室内外），责任到人，不留死角。三是要进行评比考核。对学生参加劳动的情况要进行登记，并与清扫考核评比的结果综合计分，作为学生操行成绩，记入学生档案。对参加劳动表现好的学生和工作做得好的班集体，每一期要评选先进，进行表彰奖励。四是要建立一支以学生干部为主的管理队伍。要充分发挥团委、学生会、班委会干部在组织学生、检查督促、考核评比中的重要作用，充分调动学生自我管理、自我监督的积极性。

三、组织领导与部门工作职责

学院成立学生劳动养成教育工作小组。组长：蔡建宇，常务副组长：蔡超强，副组长：杨建华、潘访华，成员：王成伟、崔博文、周健、胡大有、吴自力、曾朝辉、张雪文、孟慧、蔡建交、刘维、张军、蒋斌。工作小组办公室设学保处，办公室主任由周健兼任。

劳动养成教育工作由学保处牵头，其他处室系部配合。各部门的工作职责是：

1. 学保处

负责劳动养成教育的统筹规划。负责全院学生卫生大扫除的组织协调、工作检查、点评考核等；负责寝室内务、卫生的标准与评分细则的制定；组织每周二下午3：00～4：00对寝室内务、卫生进行检查评比；汇总后勤、教务和学保的检查结果，公布结果并进一步督促落实。组织团委、学生会干部参与卫生评比考核工作。

2. 后勤处

负责公共卫生责任区的划分和立牌；卫生包干经费的筹措和分配；公共卫生责任区卫生标准和评分细则的制定；组织每周二下午3：00～4：00对公共区卫生进行检查评比，并将评比结果报送学保处。（负责人：刘维，院卫生部、权益部学生干部协助检查）

3. 教务处

负责实训场所卫生责任区的划分及卫生标准与评分细则的制定；组织每周二下午3：00～4：00对实训场所进行检查评比，并将评比结果报送学保处；每

学期结束时，将学生劳动养成学分记入学生操行分并记入档案。（负责人：蔡建交，院学习部协助检查）

4. 系部

劳动养成教育宣传发动；卫生工具的准备；本系教室卫生进行检查与评比；落实班组卫生责任区并将责任划分到人；组织本部门学生每周二下午 1：00 ~ 3：00对卫生责任区域及本部门的教室和寝室进行整理、清扫，谨防卫生大扫除过程中发生安全事故；发动和安排学生干部参与卫生大扫除的组织和考核工作；根据后勤、教务和学保的考核意见及时组织整改；综合学生参加劳动和部门考核情况，组织对本部门的班级和学生进行考核；将学生卫生大扫除的考核成绩记入劳动课学业成绩。

工作小组将对各部门的工作进行检查评比，并将结果纳入部门年度工作考核。

本方案从 2015 年 11 月 29 日开始实行。

益阳职业技术学院

2015 年 11 月 20 日

附 1.《实训场所卫生区域划分与评定细则》

附 2.《公共区卫生区域划分与评定细则》

附 3.《学生寝室卫生标准和评定细则》

附 4.《各系、部公共卫生区域划分》

附 5.《学生劳动养成教育活动考核办法》

附1 实训场所卫生区域划分与考核细则

一、实训场所卫生区域划分

<table>
<tr><th rowspan="3">系部</th><th colspan="3">责任区域</th></tr>
<tr><th colspan="2">实训楼</th><th rowspan="2">实训基地</th></tr>
<tr><th>实训室</th><th>机房</th></tr>
<tr><td>经管系</td><td>303、307、309、313、401、402、403、406、408、519</td><td>508、511、514、518</td><td>呼叫中心</td></tr>
<tr><td>生信系</td><td>101、104、106、112、113、116、119、122、102、107、109、111、120、201、203、315、316、318、319、404</td><td>418、602、607、611、613</td><td>园林实训基地</td></tr>
<tr><td>机电系</td><td>206、209、211、212、213、215、214、217、218、311</td><td>301、606</td><td>机电实训工厂</td></tr>
<tr><td>汽车系</td><td>207、208、216</td><td>601、410、412、417、513</td><td>汽车实训工厂</td></tr>
</table>

二、实训场所卫生评定细则

实训场所______________　　　检查日期______________

检查项目		检查结果
物品摆放	1. 设备设施摆放整齐划一，功能分区规划科学合理。	
	2. 工具、配件、耗材、废品分类存放，整洁有序。	
	3. 实训场所内不得摆放、悬挂与教学无关的其他物品。	
	4. 室内布线整齐划一，不存在私拉乱接现象。	
	5. 各类标语、横幅等物品悬挂（摆放）整齐美观。	
	6. 实训台面擦拭干净，整洁无尘。	
	7. 设备设施表面擦拭干净，整洁无尘。	

续表

检查项目		检查结果
	8. 地面擦拭干净，清洁无尘。	
	9. 墙面、天花板清洁，无积尘蛛网。	
	10. 门窗擦拭干净，清洁无尘。	
	综合检查结果	

说明：

1. 综合检查结果按 A、B、C 三个等级进行评定。

2. 10 项检查结果全部合格者可评为“A”等，确实因历史原因造成的布线不美观、分区欠科学等因素可酌情考虑保留“A”等，但应有整改计划与行动。

3. 除尘、清扫任一项不达标即可评为“B”等，地面，窗台、台面有明显残存垃圾废弃物者一票否决评为“C”等。

附 2 公共区卫生区域划分与考核细则

公共区卫生区域评定细则

序号	标准内容	规定分值	评分细则	得分
1	校园公共区应保持整洁，地面无废纸、烟蒂、槟榔渣、果皮、包装袋等白色垃圾。	20	每500平方米内有垃圾数量大于5件扣2分。	
2	马路两边及花园无杂草、淤泥和杂物。	20	一处不符合要求扣2分。	
3	墙面无积灰、无蛛网、脚印和印迹。	20	一处不符合要求扣2分。	
4	楼梯走道、窗台无杂物、灰尘，转弯拐角无垃圾，无卫生死角。	20	一处不符合要求扣2分。	
5	厕所要求四壁、顶棚干净无蜘蛛网；地面、蹲位清洁无污渍；水槽、洗手台整洁无杂物。	20	一处不符合要求扣2分。	

说明：综合检查结果按90分以上为A、75分~89分为B、74分以下为C三个等级进行评定。

附3　学生寝室卫生标准和评定细则

一、制度（6分）

有寝室长、值日生表、寝室文明公约并张贴，缺一项扣2分。

二、卫生（94分）

（一）房间（24分）

1. 地面整洁（8分）：（1）地面干净（4分）：无积灰、垃圾；（2）物品整齐（4分）：包括鞋和其他物品；

2. 垃圾清除（8分）：包括两个垃圾桶（门后一个，卫生间一个）及簸箕装垃圾；

3. 柜子整洁（4分）：（1）包括衣柜柜面、饮水机、电话机无积灰（2分）；（2）衣柜上物品整齐，无乱涂乱画（2分）；

4. 墙面无蜘蛛网，无人为污损，电器、开关无积灰（4分）。

（二）阳台（18分）

1. 地面整洁（4分）：无积灰、垃圾；

2. 门窗干净（6分）：明亮，无污迹，包括寝室门、阳台四扇窗、气窗；

3. 物品整洁（6分）：包括衣架、清洁工具、椅子摆放整齐；私人物品等摆放整齐，护栏和开关干净；

4. 阳台水池干净（2分）：无污物。

（三）卫生间（16分）

1. 无异味（2分）：无明显烟味、臭味；

2. 槽台干净（4分）：（1）台面无积水、污物（2分）；（2）洗脸池无污物（2分）；

3. 物品整齐（2分）：个人洗漱用品摆放整齐干净；

4. 镜子明亮（2分）：无积灰、水痕；

5. 地墙干净（4分）：无污物；

6. 便池干净（2分）：无污物、污渍。

（四）个人卫生（36 分）

1. 床面整洁（8 分）：被子叠好，方向一致，无堆积物；

2. 书桌整洁（8 分）：桌面干净，物品摆放整齐，无乱挂垃圾袋；

3. 床梯整洁（8 分）：包括两床之间的板面干净，床梯下空间物品摆放整齐、干净；

4. 无乱拉线（8 分）：无乱拉电线、网线等；

5. 无乱挂衣物：包括床沿，床梯和椅子等显眼处；在墙体，家具上无使用挂钩挂毛巾、衣服、书包、垃圾等现象（2 分）；

6. 天热时包括蚊帐的挂置整齐（2 分）。

三、附加项

1. 寝室垃圾直接扫到寝室门外，扣 20 分；

2. 寝室门外堆放袋装垃圾，扣 5 分；

3. 卫生检查结果公示后，如工作人员在巡楼过程中发现有在寝室门口堆放垃圾袋现象，学生会公寓管理中心有权对检查结果进行修改，成绩逐级递减；

4. 从窗口向外倒水、扔物，扣 5 分；

5. 休息时间在宿舍内大声喧哗、吵闹（以不打扰他人休息为准），扣 5 分；

6. 有打架及拉帮结伙现象，扣 20 分；

7. 发现使用或存放违禁电器（200W 及 200W 以上，如热得快、电炉、电饭煲、电热毯、电暖气、电炒锅、电砂锅、电炖锅、电热杯、电茶壶、电熨斗等电器）一律 0 分，并且不能参与免检寝室、文明寝室评选。

附4　各系、部公共卫生区域划分

1. 经管系：校门至学生大食堂主马路，篮球场，教工 1、2、3 栋宿舍周围，学生宿舍 1、2 栋前坪，第 2、6 教学楼周围。

2. 中职部：足球场，教工宿舍 12 栋前坪及马路，教工宿舍 13、14 栋四周，第 4 栋学生宿舍前坪，第 5 教学楼四周及前坪，图书馆后树林。

3. 汽车系：第 7、8、9 栋学生宿舍，医务室四周，第 7 栋学生宿舍前坪，第 12 栋教工宿舍后至后花园全部区域。

4. 生信系：第 6 栋学生宿舍前坪，第 14 栋学生宿舍四周，图书馆、第一教学楼、科学实验楼前坪、树林全部区域，办公楼四周。

5. 机电系：教工食堂至第 11 栋教工宿舍四周与马路。

注：以上公共区卫生区域划分属文字描述，详细区域见后勤处公共卫生区域划分分布图（已告知各系部）。

附5 学生劳动养成教育活动考核办法

根据《益阳职业技术学院劳动养成教育实施方案》和《学生手册〈益阳职业技术学院学生操行成绩考核办法〉》，制定本办法：

1. 将学生个人参与劳动养成教育活动的情况纳入学生操行成绩考核。

2. 从《益阳职业技术学院学生操行成绩考核办法》“考核内容与记分”中的政治态度、集体观念两项基本分中提取20分作为学生参加劳动养成教育活动考核的基本分。

3. 扣分（累计扣分不超过20分）

（1）无故不参加劳动养成教育活动的，每次扣2分；

（2）参加劳动养成教育活动不积极的，每次扣0.5分；

（3）完成任务不达标的，每次扣0.5分；

（4）劳动养成教育活动请事假的，每次扣0.5分。

4. 加分（累计加分不超过7分）

（1）每个班级每月评比出“劳动养成教育活动积极分子”10名，每次加1分；

（2）每月被学院评为优秀寝室的寝室成员，每人加1分；

（3）每学期被教务处、后勤处、学保处评为“劳动养成教育活动积极分子”的，奖2分。

“魅力校园　星星闪烁”社团文体比赛活动实施方案

益职院发〔2016〕1号

为了丰富学生的校园文化生活，给学生提供一个锻炼自我、展示自我的舞台，创造一个交流分享、不断提高的机会，经院党委研究，决定在全院开展“魅力校园、星星闪烁”学生社团文体比赛活动，制定本实施方案。

一、活动目的和意义

以“舞动青春、放飞梦想”为主题，以学生社团为主体，以院团委、院系学生会和团总支为主要组织者，通过丰富多彩社团活动的开展，开阔学生视野，陶冶学生情操，启迪学生思维，发展学生个性特长，全面提高学生素质。同时活跃校园生活，促进学风和校风的优化，为学生健康成长营造良好的氛围。

二、组织领导

组　长：蔡超强

常务副组长：周健

副组长：蒋斌、罗徽

成　员：欧仕荣、吴庆祥、孟慧、蒋亚嫦、刘慧予、孟海、夏聘庭、龚德贤

三、评比办法

1. 参赛对象

各社团及社团成员均可参赛。参赛社团成员要有良好精神风貌，在某一社团活动方面表现突出。

2. 组织分工

学保处、团委负责指导学生社团开展比赛活动，院学生会、团总支具体负责组织实施。

3. 比赛项目

才艺展秀、表演类：歌舞、书画、乐器、杂技、茶艺、超级演说、口技、手工艺、T 台秀、服装设计等（表演时所用道具、乐器等自备），要求参赛内容正面、健康、积极向上。

体育运动类：篮球、排球、足球、乒乓球、羽毛球、轮滑、武术等。

4. 活动时间

每周组织一个方面的比赛活动，每学期期初，根据社团报名情况确定参评项目，合理安排比赛时间、顺序。一般除开学和期末复习考试阶段不安排活动外，上半年安排 10 次（3 月 1 周、4 月 3 周、5 月 3 周、6 月 3 周），下半年安排 10 次（9 月迎新晚会、10 月 3 周、11 月 3 周、12 月 3 周）。

才艺展秀、表演类与体育运动类活动交错安排。才艺展秀、表演类安排在每周三晚上 7 点，地点以学生一食堂为主。

5. 奖项设置及评奖称号

每次活动设一等奖 1 个，二等奖 2 个，三等奖 3 个，颁发荣誉证书，获一、二等奖者同时授予“益阳职业技术学院 XX 之星”荣誉称号。团体参赛的设集体奖。设奖个数和评星个数可根据实际参赛情况进行适当调整。各奖项只颁发加盖学院行政公章的荣誉证书，不发奖金。

参赛及获奖情况将作为评选优秀会员、优秀社团、优秀社团干部和优秀志愿者的重要依据。

四、保障措施

1. 每一个社团明确一名指导老师；

2. 社团指导老师指导费500元/人/期，每月不少于两次指导社团活动；

3. 每学期由学生保卫处（团委），根据社团指导老师的工作及社团活动开展情况，评选三位优秀指导老师，获奖者颁发荣誉证书，奖金200元/人；

全院各单位都要积极支持这一活动，为活动开展提供必要的条件，创造良好的氛围。

益阳职业技术学院

2016年1月6日

益阳职业技术学院系（部）学生管理工作考核办法（试行）

益职院发〔2016〕12号

为进一步贯彻落实中共中央国务院《关于进一步加强和改进大学生思想政治教育的意见》精神，进一步拓展和丰富学生工作内容，规范和促进各系（部）学生工作，使我院学生工作更加适应新形势下培养高素质大学生的需要，也为了更加科学、更加有效地评价各系（部）学生工作，根据我院学生管理工作的具体情况，特制定本方案。

一、考核原则

1. 实事求是与鼓励创新相结合的原则。学生工作量化考核既要从实际出发，全面客观地评价系（部）学生工作状况，肯定成绩，找出问题，又要鼓励创新工作方法及时总结工作经验，推动学生工作迈上新台阶。

2. 过程考核与结果考核相结合的原则。学生工作量化考核既要及时反映系（部）完成各项任务的工作过程，以保证工作的连续性和规范性，又要全面体现系（部）的工作成效和育人效果，实现工作过程和工作结果的有机统一。

二、考核机构

成立系（部）学生工作考核小组，由主管副院长任组长，学生保卫处处长任副组长，学生保卫处相关工作人员及系（部）分管学生工作的负责人为成员。

三、考核方式

1. 以部门为单位，每系（部）学生管理工作内容实行量化考核，基准分为100分。

2. 以学期为周期，采用周（66%）、月（10%）、期（24%）考核项相结合的办法。

3. 系（部）学期最后得分＝周考核平均分＋月考核平均分＋期考核得分＋其它分＋附加分。

具体考核指标见附件。

四、考核结果与奖惩措施

根据量化标准，学期末汇总考核结果，对四个系进行排名，前两名给予奖励。奖励经费纳入年度经费预算，学生以本期在校学生为准，顶岗实习学生除外。第一名7元/生·期，第二名5元/生·期。中职部达到（各系平均分－3分）之上即可获达标奖3元/生·期，达到第二名的分数即可获优秀奖5元/生·期，不重复奖励。本奖金仅用于开展辅导员或学生活动，不可用于发放绩效。同时，考核结果作为评价系（部）干部的重要依据，作为考核系（部）全面工作的重要组成部分，优秀系（部）在学生各项评优评先的名额分配时优先考虑。系部总分低于四个系平均分20分的系（部）的学生工作负责人员为不称职，由学院领导找相关人员诫勉谈话，通报批评或调离岗位。

五、其他

本办法由学生保卫处负责解释，从2015年9月1日起实施。

附件：《学生管理工作量化考核指标》

益阳职业技术学院

2016年1月22日

附件　学生管理工作量化考核指标

一级指标	二级指标	分值	工作要求	考核标准
1. 周考核（66分）	1.1 系（部）学生工作负责人	2	学生保卫处组织的工作例会，学院组织的重大活动，各系（部）学生科长必须参加，如有特殊情况必须向分管院长请假并经批准后方能请其他人员替会。	无故缺席扣1分/次，迟到扣0.5分/次，扣完为止。
	1.2 周例会	4	每周各系（部）学工部门组织召开辅导员、班主任会议，通报上周情况，布置下周工作（以会议记录为准）。	随机抽查与期末检查相结合； 不组织的扣4分/次，无会议记录扣2分次。
	1.3 卫生检查与评比	8	各系（部）每周组织一次教室、实训场所、公共区域的卫生大扫除。	按照《开展学生“劳动养成教育”实施方案》评比结果，折算成百分制再乘以8%即本项得分。
	1.4 宿舍管理	20	包括：卫生、内务整理、就寝纪律、财产、是否违规使用大功率电器等。	卫生及内务，“差评”扣0.2分/间，“好评”加0.2分/间； 就寝、晚归扣0.1分/人，外宿扣0.2分/人； 财产损坏扣0.5分；违规使用大功率电器扣0.2分/次； 拒检扣0.5分/间，扣完此项分为止。
	1.5 学生活动组织与开展	4	学院组织的重大活动或者要求组织的学生活动，各系（部）应积极组织；各系（部）应经常开展特色鲜明，利于学风、校风建设的主题教育、文艺体育、技能竞赛等活动（须报详细活动方案和总结）；各系（部）应倡导学生多参加社团活动。	学院活动和学生保卫处要求组织的活动，没有组织者扣2分/次，应付了事扣1分/次； 各系（部）自发组织的活动，加0.5分/次（不超过4次/月）； 参加学生保卫处安排义务劳动，加0.5分/次； 各系（部）学生或团体获得“校园之星”的加0.5分/次。

续表

一级指标	二级指标	分值	工作要求	考核标准
	1.6 学生违纪	6	各系（部）应加强对学生的日常管理，学工科长协同辅导员、班主任共同做好学生思想政治工作，尽量减少学生违纪率，出现学生违纪应能妥善处理。	酗酒扣 0.2 分/人次； 下河塘游泳扣 1 分/人次； 打架斗殴扣 0.2 分/人次； 学生参与偷盗扣 0.5 分/起； 赌博扣 0.5 分/起； 破坏公共财产扣 1 分/人次； 校内骑摩托车扣 1 分/人次； 以保卫科登记为准，扣完此项分为止。
	1.7 学生会考核	6	各系（部）学生会、团总支应按照院部的要求布置并督促落实一周工作。	院学生会、团总支相关部门对各系（部）学生会、团总支和班级深入检查评分，折算成百分制再乘以 6% 即本项得分。
	1.8 材料上交	8	学生保卫处布置的各种上交材料，要求按质、按量、按时完成。	缺交扣 2 分/项； 迟交、不达标扣 1 分/项； 以上交材料情况为准，扣完此项分为止。
	1.9 系（部）值班	6	各系（部）每日安排一个行政值班人员，各系（部）行政值班人员应组织辅导员、班主任按时到岗，并做好工作记录； 如遇到突发事件及时报告学生保卫处，主动协助妥善处理； 学生保卫处对各系（部）辅导员、班主任出勤进行抽查。	系（部）行政值班缺岗，扣 2 分/次； 请人替代，扣 0.5 分/次； 突发情况或事件未及时报告学生保卫处扣 0.5 分/次，不配合处理扣 1 分/次； 抽查辅导员、班主任出勤，缺勤扣 0.5/人； 扣完此项分为止。

续表

一级指标	二级指标	分值	工作要求	考核标准
	1.1 成功案例	2	为了促进各系（部）学工办、辅导员和班主任提高业务能力，要求各系（部）每周总结出一个学生工作案例，重点总结工作方法和技巧。	案例材料缺交扣4分； 迟交扣1分； 工作方法和技巧得到其他系、部认可，并在其他系、部加以推广的加2分。
2. 月考核（10分）	2.1 学生到课率	6	到课率标准：高职90%、中职86%。	以教学简报为准，每低5%及以内扣1分，扣完为止。
	2.2 辅导员、班主任考核	4	各系（部）每月对辅导员、班主任进行一次考核，并将结果于下月8日前（遇节假日顺延至第一个工作日）报一份给学生保卫处。	没有考核的、缺交的扣4分，迟交的扣2分，缺项的扣1分/项，扣完为止。
3. 期考核（24分）	3.1 期工作计划与总结、活动费用监管、系（部）学生工作网页建设	4	各系（部）学工部门结合本系情况科学制定学期工作计划，学期结束后写出总结；制定相关管理制度； 每期组织对辅导员、班主任进行一次业务培训，且有培训记录；搞好班主任考核，材料齐全，公平公正； 学生会费管理，遵守财经手续，开支必须2个老师（含系主任）签字； 督促各班将班费开支情况在班上定期公开； 各系（部）学生工作网页内容必须及时更新，并不断完善。	系（部）缺辅导员、班主任详细考核制度的，扣2分； 缺交学期计划扣1分，缺交学期总结扣1分； 违规使用学生会费的或者账目不明的，扣1分； 班费开支明细情况未在班公开的扣0.2分/班； 系、部学生工作网页建设明显脱节的扣0.5分，上传图片或项目内容影响学院声誉的扣0.5分； 扣完为止。
	3.2 学生缴费率	2	系（部）应督促辅导员、班主任做好学生各项费用（学费、住宿费、开热水费、保险费等）的催缴工作。	以部门为单位，欠费学生人数占总人数的5%之内扣0.5分；10%之内扣1分；15%之内扣1.5分；20%之内扣2分，以此类推，扣完为止。

续表

一级指标	二级指标	分值	工作要求	考核标准
	3.3 学生巩固率	2	每学期末根据上学期末人数统计学生巩固率（新生班级按注册人数统计学生巩固率），流失率高职不超过5%，流失率中职不超过8%。	中职第一学年12%，第二学年开始按8%，代高职5%； 每超过一个百分点扣0.5分，扣完为止。
	3.4 评优入党评奖评助	2	各系（部）应根据学院相关规定认真做好辅导员、班主任的评优工作； 系（部）应根据学院有关规定并本着“公开、公正、公平”的原则认真做好学生评优、入党、评奖、评助工作，材料的整理归档工作； 建立贫困生档案，贫困生日常表现情况登记。	如学生向学生保卫处或院级领导举报，经查实属违规评选的，扣1分/起；未建立贫困学生档案的扣0.5分；未整理党员档案的扣0.5分。
	3.5 心理教育工作	2	系（部）应认真开展心理健康教育，协助心理咨询中心做好学生心理普查，及时对心理障碍的学生进行危机干预，建立有问题学生档案；并尽力帮助其康复，情况严重的学生及时上报学生保卫处并联系家长送医院治疗；整理好心理问题学生档案材料。	缺心理问题学生档案的扣1分； 不配合学生保卫处进行心理普查扣0.5分； 有问题未发现、发现问题未及时报告或不配合处理的扣0.5分，扣完为止。

续表

一级指标	二级指标	分值	工作要求	考核标准
	3.6 学生相关材料检查	6	学生学籍卡、管理卡学期填写检查； 系（部）学期违纪学生材料整理； 请长假学生材料整理； 系（部）各班级学生成长记录资料整理； 系（部）大型活动资料整理； 系（部）学生会、团总支干部名单存档； 系（部）各班班级 QQ 群和微信群号。	学籍卡和管理卡抽查，缺者扣 0.5 分/生，内容不齐全的扣 0.2 分/生； 期末系（部）组织对各班学生档案检查，没有组织的扣 3 分； 没整理违纪学生材料的扣 0.5； 学生请假没存档扣 0.5； 没有学生成长记录的扣 0.5； 没有大型活动资料的扣 0.5； 没有（部）学生干部名单的扣 0.5 分； 没有建立班级 QQ 群或微信群的扣 0.2 分/班。
	3.7 迎新工作和新生军训/毕业生返校工作	6	迎新工作，各系（部）根据学院迎新方案，对新生接待站进行布置，做好新生报到、缴费、住宿安排、收齐新生报到单等工作。 军训工作包括学生到训率、军训效果考评、补训、辅导员班主任到勤等方面。 毕业生返校工作，各系（部）据学院毕业生返校工作安排提前发布毕业生返校注意事项，组织好毕业生返校及办理毕业手续，组织并安排好毕业典礼和毕业会餐，做好毕业生离校情况登记等。	迎新工作基准分为 3 分，没及时为学生安排住宿扣 0.1 分/生，缺交报到单扣 0.05 分/生，新生或其家长投诉扣 0.2 分/次，扣完为止。 毕业生返校工作基准分为 6 分，系（部）未提前发布毕业生返校注意事项扣 0.5 分，缺毕业生离校登记材料扣 0.5 分，学生投诉事件扣 0.2 分/次，扣完为止。 军训工作基准分为 3 分，以保卫处考核为准。

续表

一级指标	二级指标	分值	工作要求	考核标准
4、其他	4.1 加分（最高不超过10分）	10	组织辅导员、班主任参加各项活动，获得课题立项、各种荣誉等； 组织学生参加各项活动获奖； 学生管理工作改革创新，得到全院推广。	国家级立项和荣誉加2分/项； 省部级立项和荣誉加1.5分/项； 市厅级立项和荣誉加1分/项； 院级立项和荣誉加0.5分/项（军训获奖连队、文艺晚会参演节目、运动会评优代表队、辅导员大赛获奖的依照此项加分）。
	4.2 扣分（最高不超过10分）	10	出现重大责任事故。	出现重大事故的，经鉴定属系（部）、辅导员和班主任工作不力、疏忽或者失职所致，除了追究相关人员责任和经济处罚外，加扣期考核该项分值：出现女生问题事件扣2分； 寝室火灾（财产损失在千元以内没有人伤的扣3分，造成人伤的扣10分，其它情况据前两点酌情扣分）； 学生群体事件、政治事件、重大治安或刑事案件扣6分，学生非正常受重伤扣2分，学生非正常死亡事件扣10分。

关于实施大学生思想政治教育“铸魂工程”的意见

益职院发〔2016〕36号

大学生思想政治素质是学生综合素质的基础，高校作为大学生思想政治教育工作的前沿阵地，必须坚持“育人为本、德育为先”的原则，深入开展中国特色社会主义理论体系教育，大力加强社会主义核心价值观教育，帮助学生树立正确的世界观、人生观和价值观。为深入贯彻落实中共中央、国务院《关于进一步加强和改进大学生思想政治教育的意见》和《关于进一步加强和改进新形势下高校宣传思想工作的意见》、教育部《关于深化职业教育教学改革 全面提高人才培养质量的若干意见》以及习近平同志一系列关于大学生思想政治教育的重要讲话精神，学院党委决定，全面实施大学生思想政治教育“铸魂工程”，统领全院学生思想政治教育工作。通过实施“铸魂工程”引导学生铸牢信仰、铸塑价值、铸就精神、铸造人格，高扬理想风帆，肩负时代责任，自觉加强自我修养、磨炼意志、砥砺品格、陶冶情操，刻苦学习，苦练基本功，做有理想、有追求的大学生，做有担当、有作为的大学生，做有品质、有修养的大学生。

一、指导思想和总体目标

（一）指导思想

高举中国特色社会主义伟大旗帜，以马克思主义、毛泽东思想和中国特色社会主义理论体系为指导，深入贯彻落实党的十八大以来的精神，深入贯彻落实习近平总书记关于大学生思想政治教育的重要系列讲话精神，全面贯彻党的教育方针，以立德树人为根本任务，以促进学生全面发展为目标，以社会主义核心价值体系为引领，以理想信念教育为核心，以爱国主义教育为重点，切实加强学生世界观、人生观、价值观、职业观教育，培养德、智、体、美全面发展的高素质技术技能人才。

（二）总体目标

1. 通过较为系统地深入开展马列主义、毛泽东思想、中国特色社会主义理论体系、习近平同志系列重要讲话精神的学习、宣讲和实践活动，引领学生树立正确的世界观，铸牢马克思主义信仰，坚定对中国特色社会主义的道路自信、理论自信、制度自信，把个人理想融入到实现中国梦的伟大实践之中。

2. 通过培育和践行社会主义核心价值观的学习和实践活动、爱国主义教育活动，引导学生铸塑价值，树立“爱国、敬业、诚信、友善”的核心价值观。

3. 通过开展以公民基本道德规范为基础的人生道德修养教育和良好的行为养成教育，帮助学生自觉加强自我修养，铸造健康人格。

4. 通过民族精神和时代精神的教育，引导学生继承和弘扬自强不息、艰苦奋斗的优良传统，铸塑与时俱进的时代创新精神；通过开展职业理想和职业道德教育，引导学生树立正确的职业观，弘扬工匠精神，铸塑良好的职业素养和职业精神。

二、指导原则

（一）坚持教书与育人相结合。坚持育人为本、德育为先，坚持把德育工作放在首要位置，贯穿于教育教学的全过程。

（二）坚持学校教育与自我教育相结合。既要充分发挥学校教师、党团组织的教育引导作用，又要充分调动学生的积极性和主动性，引导他们进行自我教育、自我管理、自我服务。

（三）坚持政治理论教育与社会实践相结合。既重视课堂教育，又要加强养成教育，引导学生关心社会、了解社会、服务社会。

（四）坚持解决思想问题与解决实际问题相结合。既讲道理又办实事，既以理服人又以情感人，增强思想政治教育的实效。

（五）坚持教育引导与管理服务相结合。将思想政治教育融入日常管理服务的过程，建立长效工作机制，使自律与他律、激励与约束有机地结合起来，有效地引导学生的思想和行为。

（六）坚持继承优良传统与改革创新相结合。坚持在继承中创新，在探索中前进，积极探索新形势下学生思想政治教育的新途径、新方法，努力体现时代性、把握规律性、富于创造性、增强实效性。

（七）坚持环境育人与文化育人相结合。加强校园文化建设，营造良好的校园文化氛围，开展中华优秀传统文化教育，充分发挥环境育人和文化育人的作用。

三、基本内容

（一）理想信念教育

1. 开展马克思主义原理、毛泽东思想和中国特色社会主义理论体系教育；

2. 开展中国革命、建设和改革开放的历史教育以及基本国情和形势政策教育；

3. 开展学习习近平总书记系列重要讲话的教育。

（二）核心价值观教育

1. 开展爱国主义教育；

2. 开展社会主义核心价值观教育；

3. 开展中华优秀传统文化与民族精神教育。

（三）基本素质教育

1. 加强公民道德素质教育；

2. 加强人文素质教育；

3. 加强职业理想、职业道德、职业素养、职业精神教育；

4. 加强创新创业教育；

5. 加强纪律意识、自律意识、民主法制意识教育；

6. 加强劳动养成教育、文明行为教育。

（四）健康人格教育

1. 加强人生目标教育；

2. 加强心理健康教育；

3. 加强责任感和荣誉感教育；

4. 加强感恩教育；

5. 加强团队合作意识教育。

四、实施途径

（一）强化课堂教学阵地建设

1. 加强思想政治教育教学阵地建设

切实推动中国特色社会主义理论体系进教材、进课堂、进头脑。制定思想政治理论课建设规划，完善思想政治教育课教学课程体系，构建“铸魂工程”教育内容的课程支撑体系；完善“铸魂工程”思想政治教育辅助图书资料库、影视库建设；不断探索教学新方法、新手段，增强思想政治教育课的吸引力和影响力。

2. 加强专业课思想政治教育阵地建设

把提高学生职业技能和思想政治教育高度融合，重点培养爱国敬业、诚信守法、精益求精、勤勉尽责等精神。积极探索有效的教育形式，形成常态化、长效化的培育机制。抓好实习实训环节，利用学生与社会、岗位实践密切接触的机会，引导学生践行交往礼仪、职业礼仪，增强学生安全意识、纪律意识。

3. 加强素质选修课阵地建设

加强素质选修课的规划与开设，根据不同专业的要求，充分发挥人文选修课和专业素质选修课的拓展阵地作用，有针对性地开展素质教育活动，切实增强大学生思想政治教育的针对性和实效性。

（二）开展主题教育活动

以四大主题为核心，深入开展一系列主题思想政治教育活动：

1. 开展“坚定理想信念，立志成才报国”主题教育。邀请院内外名师名家，开设“迎风讲坛”，以此为平台，深入开展一系列专题思想政治教育活动。深入开展对中国特色社会主义道路的认同教育，增强对中国特色社会主义的道路自信、理论自信、制度自信；深入开展革命传统教育，通过瞻仰革命遗迹、缅怀革命先烈等形式，进一步深化革命传统教育，讲好中国故事，传播好中国声音，教育引导学生树立报国理想，培养家国情怀。

2. 开展“传承中华文化，践行核心价值”主题教育。通过文化长廊、宣传橱窗、校园网等渠道，通过主题班会、演讲比赛、辩论赛、主题研讨会等形式，深入开展社会主义核心价值观教育，使社会主义核心价值观教育入心入脑。通过推进高雅艺术进校园，进一步提升学生的审美情操。继续开展中华传统经典诵读、校园演说家、校园好声音等活动，使中华优秀传统文化教育形式多样化。

3. 开展“弘扬工匠精神，培育职业素养”主题教育。通过开展技能大赛、创新创业大赛及各种形式的技能比赛活动，提高学生职业能力，提升职业素养。通过开展职业理想和职业道德教育、社会责任教育、知行统一教育、民主法制教育、人文素质和科学精神教育，帮助学生树立正确的职业观，弘扬工匠精神，养成良好的职业素养和职业精神。

4. 开展“凝聚青春力量，展示青春风采”主题教育。通过开展“魅力校园、星星闪烁”社团文化活动、文艺晚会、社团文化艺术节、寝室文化艺术节、“5·25”心理健康趣味运动会等活动，充分展现青年学生昂扬向上的精神风貌和全面发展的青春风采。通过举办运动会、长走长跑比赛、心理健康活动月，教育引导青年学生锻炼健康体魄，培养积极向上、阳光平和的心理素质。积极挖掘、培养学生中的各种典型，开展感动校园人物、校园之星、年度贡献奖等评比活动，加大宣传力度，发挥典型的引领示范作用，凝聚正能量，传递正能量。各系部要结合学生身心和专业特点，以养成教育为重点，以自律教育为核心，组织开展主题班会活动，班级文化、寝室文化建设等活动。

（三）加强媒体思想政治教育建设

网络已成为大学生工作、学习、生活的“第一环境”，网络文明素养已成为大学生思想道德修养的重要体现。结合当代大学生触网率高、触网时间长的特点，主动适应信息技术的发展形势及当代青年学生的思想特点和发展需求，以服务学生成长成才为目标，加强新媒体建设。依托校园网门户网站和学院信息管理系统，形成以院报、校园网管理系统为主体，微博、微信、校园广播和宣传橱窗为支撑的媒体思想政治教育系统，构建网上学习、教育、文化、管理、宣传平台，构建网络育人体系，拓展思想政治教育育人渠道。

深入开展以“传播正能量、弘扬主旋律”为主题的网络文明教育，通过举办大学生网络文化节、思想教育优秀作品展等活动，教育引导学生积极参与网络文化作品创作，推出一批有筋骨、有道德、有温度的优秀网络文化作品，营造正能量充沛、主旋律高昂的校园网络空间；通过开展“网络文明主题巡讲”“网络文明主题辩论赛”等活动，引导学生传播网络文明理念，展示网络文明风采，遵守网络行为规范，倡导文明健康的网络生活方式；通过开展网络安全知识竞赛等活动，着力培育具有“高度的安全意识、文明的网络素养、守法的行为习惯、必备的防护技能”的新一代“四有”校园好网民，实现网络空间的天朗气清。

（四）加强校园文化建设

坚持社会主义先进文化的发展方向，坚持“质量立校、品牌强校、人才兴校”战略和“明德、笃学、精技、创新”校训，贯彻“育人为本、产教融合、教以致技、学以致用”理念，遵循文化发展规律，以精神文化建设、制度文化建设、校园文化活动建设和校园环境建设为载体，努力建设体现时代特征和高职特色的校园文化。加强校园基础建设，创新校园文化活动建设，拓展校园文化建设的领域，规范学院的管理与服务，强化学院“三风（教风、学风、作风）”建设，不断满足师生日益增长的精神文化需求，为学生、教师和学院的发展创造优良的人文环境和良好的文化氛围，为培养社会主义合格建设者和德、智、体、美全面发展的高素质技术技能人才提供强大的精神动力，形成制度育人、文化育人、活动育人、环境育人的良好育人氛围。

（五）建立学生参与项目平台

积极鼓励和大力支持以学生会、班级、寝室、社团、兴趣小组为主体的班级文化、寝室文化、素质拓展、公益与爱心、勤工俭学、创新创业等活动，创建学生（或学生团体）积极参加实践体验活动的平台。学院拿出专项资金，资助学生参与项目。学生会各部门、各班级、寝室、各类协会、社团、兴趣小组开展的活动均可申报“铸魂工程”项目。

（六）加强思想政治教育队伍建设

鼓励、支持思想政治教师、专业教师在教学、科研上大胆创新，围绕“铸魂工程”丰富教学内容，改进教学教法；鼓励专任教师担任学生德育指导教师；建立思想政治教育名师工作室，提升思想政治教育能力和水平；继续开展辅导员、班主任技能大赛，鼓励和支持辅导员、班主任提升职业能力，提高工作水平和质量；引进高素质的思想政治教育专业高素质人才，充实思想政治教育队伍。

五、重点工作

“铸魂工程”是大学生思想政治教育的系统工程，需要全院各级各部门和广大师生的共同参与，持续发力，久久为功。学院层面全面推进思想政治教育十项重点工作。

（一）创新思想政治理论课教学模式

以学生成长为出发点，以提升学生思想道德素质为目标，创新课堂教学模式，提高思想政治理论课教学的实效性。在内容上增强吸引力、感染力，与学生的需要、兴趣相联系；在形式上体现学生的主体性，以“平等”的方式参与其中；在教学方法上倡导生动活泼的“讨论式”“激励式”和“引导式”教育活动；在考核方式上，转变单一的理论知识的考核方式，注重思政课考核评价的综合性，把思政课程作为一个动态的教育过程，追求目标与过程、过程与结果的统一，促进学生实践、思想和道德水平的真正提升。

（二）开拓名师人文素质讲座（博雅课堂）

全院开设哲学、文学、历史、自然科学、艺术等选修课，让学生通过选修课获得正确的人生观、价值观、独立人格、美感、人文关怀等方面的教育，得到科学精神和人文精神的培养，获得合理的能力结构，提高学习知识和创新知识的能力和素质，发展全方位的人格。

（三）开展多种形式的思想政治主题教育活动

学院每年围绕当年国际国内大事确定具体的年度主题教育活动。各系、部要围绕确定的主题，结合专业制定年度计划，分年级进行主题教育。主题教育活动面向全体学生，做到“月月有主题，人人受教育，实现全覆盖”。

（四）加强新媒体网络思政

主动研究、积极利用网络媒体为思想政治教育服务，积极推进辅导员、班主任博客建设；充分发挥世界大学城学生个人空间的作用，每个学生必须建设好其个人空间，将学生个人空间建设作为德育评价、操行评定的重要依据，引导学生畅谈人生感悟，建立和谐的师生关系，使学生乐于参加、敢于参加、善于参加，拓宽教育渠道，努力把学生引上自我教育、自我管理、自我服务的轨道；开设学院微信公众号，各系、各班建立微信群、QQ 群，充分发挥先进技术传播先进文化的优势，使思想政治教育工作更具主动性和前瞻性。

（五）开设“迎风讲坛”

以“聆听、感悟、践行”为宗旨，邀请国内外专家学者、杰出校友和社会成功人士、校内外名师举办专题讲座，与学生进行沟通交流，启迪学生思想，引领学生成长，营造积极向上的校园文化气氛。“迎风讲坛”是学生精神成长课堂，每月举办一期。各系设立分讲坛，要求每两月不少于一次讲座。

（六）继续开展中华传统经典诵读活动，并使之常态化

将中华传统经典诵读纳入大一学生必修课程，扎实开展读书活动，营造书香校园。成立读书活动专家导读团，推荐系统书目，指导学生阅读。通过开展征集座右铭、读书征文、经典导读、专题讲座、知识竞赛、演讲比赛、主题辩论赛会等活动，开设读书论坛、读书角，创办学习园地，搭建读书学习交流平台，使学生养成“好读书，读好书”的习惯，营造“爱读书，读好书”的书香校园，达到人人读书，众人共享的目的。

（七）加强职业理想和职业道德教育

全面开展学业生涯和职业生涯发展教育，使学生的学业生涯和职业生涯设计更加科学，成长目标更加清晰，成才效果更加明显。对学生进行职业规划指导、职业观念引导、职业目标选择、就业政策解读和学习方法指导，帮助学生形成职业理想。弘扬工匠精神，强化技能和职业道德教育，强力推进“双证书”制度。开设《职业素质提升》《就业指导》等课程。每年举办一次院级技能大赛，选拔学生参加国家、省级技能竞赛，对获奖学生和指导教师予以奖励。

（八）实施“三百”学生实践体验计划

3 年内逐步建立 100 个学生社团和志愿服务队，100 个思想政治教育、教学、创业、就业实践基地，建立 100 个党团小组，充分发挥社团组织、实践教育基地、党团小组的作用，使万名学生接受教育，参与实践。

（九）持续打造校园精品文化活动。

以培养青年学生的人文精神为宗旨，以丰富多彩的文化素质教育活动为载体，推进一批稳定的院级校园精品文化活动：每年举办“五四”、迎新晚会，

“社团文化节”“寝室文化节”和“星星闪烁、魅力校园”文化艺术活动；每年举办篮球联赛和校园田径运动会；每年开展优秀学生党员、学生干部、“十佳青年”“校园之星”巡回演讲活动；支持开展格调高雅、形式多样化、同学们喜闻乐见的文化素质教育活动，有效提升学生的文化素质。

（十）加大典型宣传力度

以各种手段、各种形式加大“铸魂工程”宣传力度，积极发现、培养学生中的各类典型，对涌现出的典型人物大力宣传、表彰，使感动校园人物、校园之星、年度贡献奖评比活动常态化。

六、组织实施

（一）广泛宣传发动

把“铸魂工程”作为“培养什么人”的战略工程，通过各种途径在广大师生员工中进行广泛宣传发动，营造浓厚氛围，使广大师生充分认识开展“铸魂工程”的重要意义，并积极参与“铸魂工程”的各项教育活动，以全面提高自身能力，提升自身素质。

（二）组织领导

成立“铸魂工程”工作领导小组，书记任组长，院长任副组长，党委其他成员为成员。下设“铸魂工程”执行小组，蔡超强同志任组长，周健、杨长虹、崔博文、黄建书同志为副组长，各系、部主任、学工科长、思政教研室主任为成员。设立“铸魂工程”建设领导小组和执行小组办公室，设学保处，周健同志兼办公室主任，杨长虹同志兼副主任。“铸魂工程”建设领导小组和执行小组及其办公室负责“铸魂工程”建设的部署、指导、督促检查和考核等工作。

（三）工作机制

建立统一领导、部门负责、全员参与的“铸魂工程”建设工作体系。具体由“铸魂工程”建设领导小组和执行小组及其办公室根据本《意见》，细化工作方案，进行责任分工，学保处、基础课部、教务处、组宣人事处等部门按照各自职责组织实施。各教学系部作为实施主体，要动员广大师生积极投身“铸魂工程”建设，构建以教师、学工队伍、学生会、学生党、团总支为骨干，班级、寝室为主体，各社团为辅助的学生参与体系，形成全员育人、全过程育人、全方位育人的思想政治教育格局。建立“铸魂工程”实施定期联席会议制度，及时收集“铸魂工程”建设中的情况，查找“铸魂工程”建设中出现的问题，提出“铸魂工程”建设的修正方案，督促“铸魂工程”建设顺利推进。

（四）保障机制

各部门要高度重视“铸魂工程”建设的资源保障，在人力、物力和财力上给予有力支持。学生保卫处学生活动经费要首先保证“铸魂工程”的实施，确保“铸魂工程”扎实开展；鼓励和支持教学、科研人员和思政课专任教师担任学生德育指导教师；充分利用校内资源，为“铸魂工程”的实施提供场地、设施和宣传阵地；设立大学生思想政治工作“铸魂工程”专项经费，列入学院年度经费预算，确保各项工作顺利开展。

（五）评价与考核体系

建立学生思想政治素质评价体系，量化评价指标，引导和激励学生更好地参与“铸魂工程”；客观记录每位学生在学习期间素质培养和发展的重要经历和主要成绩；将学生参与“铸魂工程”建设情况作为操行评价的重要内容，对表现突出的学生颁发“铸魂工程”素质拓展证书。各系部要建立客观记录学生参与“铸魂工程”情况的平台体系，建立由学工系统、辅导员、班主任、学生组织、班委会、学生代表参与的学生综合素质评价小组，在学生自评的基础上，负责对学生参加“铸魂工程”实践锻炼情况记载和评价。各部门要突出重点，对本《意见》提出的目标进行分解和细化，制定相应的推进计划，采取有力措施，把各项任务落到实处。学院将实施“铸魂工程”的工作纳入部门年度考核。

中共益阳职业技术学院委员会

2016 年 9 月 14 日

益阳职业技术学院安全工作例会制度

为进一步深化“平安校园”创建工作，加强安全管理，学院定期召开安全工作例会，特制定本制度。

一、目的与任务

例会的目的是，全面加强学院安全教育和管理，预防和减少师生校园安全事故，保护师生人身财产安全，维护学院正常的教育教学秩序。主要任务是，传达上级安全工作会议精神，听取学院各部门安全工作汇报，分析学院安全形势，安排部署学院安全工作，听取各部门对学院安全工作的意见和建议，研究其他由学院安全例会解决的问题。

二、会议时间与议程

例会每月第一个星期一下午 2：30 召开，遇节假日顺延。

会议由学院院长主持，或由分管安全工作的副院长主持。

议 程：

1. 学习安全法规，上级有关安全工作的文件，传达有关安全工作的会议精神；

2. 听取学保处、后勤处长汇报前段工作；

3. 安排部署近期学院安全工作；

4. 院领导讲话。

三、参加会议人员

院长、分管安全工作的副院长、学生保卫处全体人员、后勤处处长及相关人员，各系部安全工作负责人，其他需参加的人员。

四、工作要求

1. 各部门每月30日前，总结前期工作，分析存在的问题，提出工作建议，形成书面汇报材料；

2. 会议由学保处明确专人做好会议记录，并专门存档，必要时形成会议纪要；

3. 学保处负责提前发布通知，考勤登记；

4. 学保处、后勤处要及时收集上级有关安全工作的文件，会议前要明确学习内容，安排人员专题备课，作好讲课准备。

益阳职业技术学院

2016年10月8日

第五编 05

附 录

学工系统工作人员（2016年）

（共78人）

学保处：周　健（男）　欧仕荣（男）　蒋　斌（男）　贺艳姣（女）
罗　徽（女）　曹　斌（男）　杨平辉（女）　谢四清（男）
蔡俊琼（女）　孟　海（男）　陈文略（男）　庄伟秋（男）
杨明华（男）

经管系：刘慧予（女）　李佳美（女）　赵昭仪（女）　匡栩葭（女）
刘晶菁（女）　蔡文馨（女）　廖　蕾（女）　张丽君（女）
李超群（女）　黄锦珊（女）　周　丹（女）　陈　灿（女）
吴沁颖（女）

生信系：皮惠林（女）　胡长生（男）　林　梦（女）　杨佳亮（女）
龚　倩（女）　王正英（女）　周晓川（女）　蒋　佳（女）
谢　旖（女）　陈丽萍（女）　吕丽琴（女）　肖国毫（男）
尹里湘（男）　高新强（男）

机电系：蒋亚嫦（女）　龚德贤（男）　曾　麟（女）　习　颖（女）
刘慧妮（女）　鲁准盼（女）　谭补辉（男）

汽车系：曹燕秋（女）　黄　顺（女）　蒋　威（男）　张景峰（男）
汪招贤（男）　龙定良（男）　肖凤霞（女）　曹逸璇（女）

	黄小兵（男）	蔡翔宇（男）		
中职部：	孟　慧（女）	夏聘庭（男）	张嫔靓（女）	曹　杰（男）
	谢苏兵（女）	刘林洪（男）	王筱祺（女）	胡　窈（女）
	刘宇峰（男）	谌奥特（男）	芮　杨（男）	杨天剑（男）
	赵师培（男）	黄建姣（女）	胡菁菁（女）	蔡　伟（女）
	夏　姣（女）	谢望舒（女）	卢嘉立（男）	何佑华（男）
	徐　平（男）			

2016 年学生工作大事记

序号	时间	内　容
1	3 月份	全民学雷锋志愿服务行动月
2	3 月 24 日	2016 年辅导员、班主任职业能力大赛
3	4 月份	“青春杯”篮球赛、寝室文化艺术节
4	4 月 7 日	学生评优评先表彰大会、平安校园创建项目申报
5	5 月份	“5·25”心理健康系列活动，羽毛球比赛，“魅力校园，星星闪烁”活动
6	5 月 3 日	“我爱祖国”歌唱大赛，“五四”入团仪式
7	5 月 4 日	组织我院优秀青年学生徐广等参加团市委组织的“‘五四’青年节”纪念活动
8	5 月 8 日	北京天文馆馆长朱进老师天文科普知识讲座
9	5 月份	组织全院师生为藏族学生阿旺央宗捐款
10	6 月 6 日	毕业生返校及毕业典礼
11	6 月 7 日	社团文艺汇演——“魅力校园，星星闪烁”活动
12	6 月 14 日	共青团益阳职业技术学院第三次代表大会
13	6 月 18 日	“祖国在我心中”演讲比赛——“魅力校园，星星闪烁”活动
14	6 月 21 日	校际篮球赛、寝室文化艺术节、班级文化节等活动颁奖典礼
15	8 月份	2016 年辅导员、班主任暑假培训班
16	9 月份	迎新工作、新生军训
17	9 月 13 日	迎新文艺晚会——“舞动青春，放飞梦想”
18	9 月 27 日	学院第 12 届团学会干部换届竞选大会
19	10 月份	校运会

续表

序号	时间	内 容
20	10月中旬	开展益阳市“我身边的资助故事”征文比赛
21	10月	“告别陋习 牵手文明”系列活动
22	11月份	心理趣味知识讲座
23	11月16日	益阳职业技术学院第一期辅导员经验交流会
24	11月16日	天文学专家杨昌炽老师天文科普知识讲座
25	11月12日	组织学院3000名学生参加全民健康日活动
26	11月20日	辅导员、班主任主题班会“精彩一课”比赛
27	11月29日	“弘扬志愿精神，建设文明益阳”益阳职院400名学生参加志愿服务宣讲会
28	11月30日	学生评优评先表彰大会
29	12月份	无偿献血，传递爱心活动
30	12月9日	“12·9”入团仪式
31	12月12日	2016年校园“十佳歌手”大赛——“魅力校园，星星闪烁”活动
32	12月13日	2016年国学经典诵读比赛决赛
33	12月15日	组织团学干部培训班
34	12月18日	组织少数民族学生代表参加市民宗局组织的少数民族联谊活动

后　记

辅导员（班主任）工作是高校基层管理工作。《教育部关于加强高等学校辅导员班主任队伍建设的意见》中指出："辅导员班主任是高等学校教师队伍的重要组成部分，是高等学校从事德育工作、开展大学生思想政治教育的骨干力量，是大学生健康成长的指导者和引路人。"

作为地方高职院校的辅导员（班主任），他（她）们不但承担对学生的思想政治教育，还承担着在学习和生活等方面管理和指导学生的职责，所以他们的工作辛苦而默默无闻。《足迹》一书的编写，意在反映益阳职业技术学院学生工作的探索与进步，反映辅导员（班主任）们的心路历程，工作的酸甜苦辣，生活的喜怒哀乐，以及学院对辅导员的重视、关心和工作要求。同时，为辅导员（班主任）们提供一个经验交流和资源共享的平台，从而做到"如切如磋，如琢如磨"。

益阳职业技术学院党委和行政领导对辅导员（班主任）工作一直是十分关心的。从辅导员（班主任）的任用、工作到生活，都给予了大力支持，该书的编辑与出版，就是对学院辅导员（班主任）工作重视的一个具体体现。

《足迹》一书是由学院院长蔡建宇提议并具体组织编写的。编写过程中得到了学院办公室、学生处（团委）、汽车工程系、经济管理系、生物信息系、机电工程系、中职部及合作办学单位的领导、辅导员（班主任）的支持。在此向他（她）们一并致谢。足迹，既是辅导员（班主任）工作、生活、心路的足迹；也是学院学生管理工作历史的足迹。

该书的文章主要出自学院辅导员（班主任）之手，这些都是他（她）们心灵的吐纳、工作的总结、生活的点滴。虽然文章有的老练，有的稚嫩，有的全面，有的则是一朵浪花。但这无妨，百花齐放才是春。

但愿该书对读者有一定的裨益。

编　者

2017 年 7 月 15 日